www.tredition.de

AF159451

Ira Hofer

# Borderline: Tanz auf dem Vulkan

Hilfe für Angehörige von Menschen mit einer Borderline-Persönlichkeit

www.tredition.de

© 2016 Ira Hofer

Verlag: tredition GmbH, Hamburg

ISBN
Paperback: 978-3-7345-1177-6
e-Book: 978-3-7345-1178-3

Printed in Germany

Das Werk, einschließlich seiner Teile, ist urheberrechtlich geschützt. Jede Verwertung ist ohne Zustimmung des Verlages und des Autors unzulässig. Dies gilt insbesondere für die elektronische oder sonstige Vervielfältigung, Übersetzung, Verbreitung und öffentliche Zugänglichmachung.

Marsha Linehan und die von Ihr entwickelte dialektisch behaviorale Therapie .................................................................................................. 9

Wie ist ein Mensch mit Borderline-Persönlichkeitsstörung? ................... 12

Wenn bei Ihrem Kind eine Borderline-Persönlichkeitsstörung diagnostiziert wurde .................................................................................. 17

Warum sind Bordis so, wie sie sind? ........................................................ 25

Validierung – Invalidierung ...................................................................... 31

Negative Glaubenssätze ............................................................................. 37

Es ist wieder einer von diesen Tagen… .................................................... 41

Ganz schön spannend ................................................................................. 47

Spannung einschätzen ................................................................................ 48

Selbstverletzendes Verhalten – das ist doch dieses Ritzen, oder? ........... 50

Dissoziation ................................................................................................ 54

Skills – ach ja, die Gummibänder am Handgelenk .................................. 57

Skillssammlung .......................................................................................... 64

Wenn ich ahne oder weiß, dass mein Angehöriger sich selbst verletzt . 68

Trauma und PTBS ..................................................................................... 75

Sind Borderliner manipulativ? .................................................................. 81

Selbstbild .................................................................................................... 89

Weißt du, wie es sich anfühlt? .................................................................. 91

Verlässlichkeit ............................................................................................ 93

Hilfe – bald ist Weihnachten ..................................................................... 98

Warum kommst du nicht alleine aus dieser miesen Stimmung raus? .. 105

Wie geht man am Besten mit der Ursprungsfamilie um? ...................... 114

Stichwörter ............................................................................................... 118

Am Ende wird alles gut - und wenn noch nicht alles gut ist, ist noch nicht Ende! ......................................................................................................... 120

# *Vorwort*

Als leidgeprüfter Angehöriger wünschte sich mein Mann endlich mal einen Ratgeber für Angehörige von Menschen mit einer Borderline - Persönlichkeitsstörung. Wie schon bei meinem ersten Buch „Der Klapsencoach" hat auch hier schon das Schreiben des Buches mir und meiner Familie vieles klargemacht. Damit das Buch auch wirklich alltagstauglich ist, habe ich es verschiedenen Borderline Familien aus meinem Bekanntenkreis zum Vorablesen gegeben. Manches Mal fragten die Betroffenen, ob ich eine Kamera bei ihnen zu Hause angebracht hätte. So bekannt kamen ihnen die einzelnen Kapitel vor. Die Angehörigen haben alle das Buch sehr begrüßt. Es gibt kaum etwas Schlimmeres, als wenn man seinen Lieben leiden sieht und nicht helfen kann. So empfanden Sie das Buch als Hoffnungsschimmer.

Im Buch verwende ich die Bezeichnungen: *Borderliner, Mensch mit Borderlinestörung, Mensch mit Borderline-Persönlichkeitsstörung, Bordi, Betroffener* gleichwertig. Ich unterscheide die verschiedenen Begriffe nicht inhaltlich. Ebenso ist es für den Inhalt egal, ob ich die männliche oder weibliche Form verwende. Es sind natürlich immer Männer und Frauen mit BPS gemeint.

Dieses Buch ist entstanden aus den Erfahrungen von Betroffenen und Angehörigen. Es ist kein wissenschaftliches Lehrbuch!

Egal, in welchem Verhältnis Sie zu dem Borderliner stehen, ob verwandt oder befreundet, in diesem Buch spreche Ich Sie als *Angehörigen* an. Der Betroffene ist immer noch der Gleiche: ob er nun die Diagnose Borderline hat oder nicht! Und Sie sind sein *Angehöriger* und nicht sein *Therapeut*.

Manche Hinweise und Erklärungen kommen innerhalb des Buches mehrfach vor. Damit haben Sie die Möglichkeit, bei dem Kapitel einzusteigen, das für Sie gerade aktuell ist. Fachausdrücke können Sie hinten im Stichwortverzeichnis nachschlagen.

Mein besonderer Dank gilt meinem Mann, der Initiator, Lektor, Tester und Unterstützer dieses Buches, aber ganz besonders mein persönlicher Unterstützer in allen Lebenslagen ist. Und natürlich auch meinen erwachsenen Kindern: Danke für eure Geduld und konstruktive Kritik.

Ebenso bedanke ich mich bei allen Freunden und Bekannten, die bereit waren, das Skript auf Herz und Nieren zu prüfen.

Dankbar bin ich natürlich auch meinen Therapeuten, Ärzten und anderen Mitarbeitern im ambulanten und stationären Bereich für ihre Unterstützung. Sie haben mich auch in Situationen ertragen müssen, in denen ich nicht ganz ich selbst war. Sorry!

# Marsha Linehan und die von Ihr entwickelte dialektisch behaviorale Therapie

Marsha M. Linehan (* 5.Mai 1943) wuchs in Tulsa, Oklahoma, als drittes von sechs Kindern eines Ölarbeiters auf. Sie war eine gute Schülerin und spielte sehr gut Klavier. Weil sie sich mit 17 Jahren selbst verletzte, wurde sie Patientin der Psychiatrischen Klinik in Hartford. Dort erhielt sie die (Fehl-)Diagnose Schizophrenie und wurde 26 Monate mit Psychopharmaka, Psychoanalyse und Elektrokrampftherapie behandelt.

Sie arbeitete vorübergehend als Angestellte einer Versicherungsgesellschaft und nahm an Abendkursen der Universität Chicago teil, wo sie 1971 in Psychologie promovierte. Danach arbeitete sie zunächst mit suizidalen Patienten in einer Klinik in Buffalo und machte ab 1972 eine Ausbildung in Verhaltenstherapie.

1977 wechselte sie an die Universität in Seattle. Seit 1989 ist sie dort Professorin für Psychologie.

In ihren verhaltenstherapeutischen Forschungen konzentriert sie sich auf das Thema „Therapie suizidaler Borderline-Patientinnen" und hat ein Behandlungskonzept vorgestellt, dass allen anderen Therapien bei der Bordeline-Persönlichkeitsstörung (BPS) überlegen ist. Von der Verhaltenstherapie ausgehend, hat Linehan die Dialektisch - Behaviorale Therapie (DBT) entwickelt, ein Therapiekonzept, zu dem insbesondere die Beziehungsarbeit in Einzelsitzungen und das Training innerhalb einer Gruppe gehören. Eine spezielle Anpassung für Jugendliche nennt sich Dialektisch - Behaviorale Therapie für Adoleszente (DBT-A).(1)

Marsha Linehan hat also am eigenen Leib erfahren, was es bedeutet an einer BPS zu leiden und als Therapeutin musste sie die Hilflosigkeit in der Behandlung von BPS miterleben.

Es gelang ihr, Elemente verschiedener Therapien neu zu kombinieren und so die bisher wirksamste Therapie für Patienten mit BPS zu kreieren.

Ihre eigene Betroffenheit hat ihr sicherlich geholfen, die Erkrankung besser zu verstehen und anderen nahe zu bringen.

So erklärte sie z.B.: „Borderline-Persönlichkeiten sind das psychologische Äquivalent zu Patienten mit Verbrennungen dritten Grades. Sie haben sozusagen keine emotionale Haut. Selbst die leichteste Berührung oder Bewegung kann enormes Leid auslösen."(2)

Aufgrund Ihrer Erfahrungen und Beobachtungen stellte Marsha Linehan Grundannahmen auf, die sehr hilfreich und wichtig sind, für alle, die mit Borderlinern Kontakt haben. Sei es beruflich oder im privaten Bereich.

*Grundannahmen*
1. Die Patienten geben sich wirklich Mühe.
2. Die Patienten wollen sich verändern.
3. Die Patienten müssen sich stärker anstrengen und härter arbeiten, um sich zu verändern.
4. Die Patienten haben ihre Schwierigkeiten nicht alle selbst verursacht, aber müssen sie selber lösen.
5. Das Leben suizidaler Borderline – Patienten ist so, wie es gegenwärtig gelebt wird, nicht auszuhalten.

6. Die Patienten müssen neues Verhalten in allen relevanten Lebensbereichen erlernen.
7. Die Patienten können in der Therapie nicht versagen.
8. Therapeuten, die Borderline – Patientinnen behandeln, brauchen Unterstützung.

Diese Grundannahmen sind also nicht aus der Luft gegriffen! Auch wenn es Ihnen manchmal so vorkommt: Wir Borderliner wollen niemanden ärgern. Wir können oft nicht anders. Und besonders schlimm empfinde ich, dass man als BPS Betroffener gerade den Menschen, die man liebt, großen Kummer bereitet.

Quellen

1.: Wikipedia 31.1.2016, „Marsha Linehan"

2.: John Cloud:"Minds on the Edge", in: time, 19.Januar 2009, S. 42 – 46

# Wie ist ein Mensch mit Borderline-Persönlichkeitsstörung?

Die erste Assoziation ist meistens: das sind doch die Verrückten, die sich immer ritzen!

Diese Aussage ist ungefähr so richtig, wie die Aussage: alle Blumen sind gelb. Ja, sehr viele Blumen sind gelb, aber längst nicht alle! Die Gemeinsamkeit von Blumen liegt aber woanders. Genauso gibt es Menschen mit einer Borderlinestörung, die sich ritzen, aber das tun nicht alle und die Kriterien für diese Störung sind andere.

Die Borderliner-Persönlichkeitsstörung ist gekennzeichnet von emotionaler Instabilität. Das heißt, dass Borderliner das ganze Spektrum an Emotionen und insbesondere die negativen Emotionen, viel stärker erleben und viel länger brauchen, um wieder zur Normal Null zurückzukehren als Normalos. Dafür kommt die nächste Welle viel schneller, als bei nicht Betroffenen. Dazu kommen dann noch unerträgliche Spannungszustände.

(3)

Typisch bei einer BPS ist auch das – schwarz – weiß – Denken. Zwischenstufen gibt es nicht. Das kommt sehr schön bei dem Symbol der DBT Station der LWL Klinik Hemer heraus.

Das Symbol der DBT Station in Hemer ähnelt dem Ying und Yang Zeichen. Es besteht aus einem Kreis, mit etwa gleichgroßen schwarzen und weißen Bereichen. Sie bilden ein weißes Gesicht im schwarzen Anteil und ein schwarzes Gesicht im weißen Anteil. Je nach Blickwinkel dominiert das Eine oder das Andere. Aber sie sind immer Beide da!

Als Borderliner hat man quasi immer seine schwarzen Anteile im Hinterkopf. Eigentlich sind auch immer die weißen Teile da - doch das Schwarz schluckt oft so viel Licht, dass wir nichts anderes mehr sehen können als Schwarz!

Beide Anteile können sehr stark sein, weshalb eine gewisse Ähnlichkeit zu bipolaren („manisch / depressiven") Störungen besteht.

Der Name der Borderline-Persönlichkeitsstörung bezieht sich darauf, dass man früher annahm, die BPS (Borderline-Persönlichkeitsstörung) läge auf der Grenze zur Schizophrenie. Tatsächlich kennen viele Betroffene Halluzinationen oder dissoziative Zustände (während einer Dissoziation passen die verschiedenen Wahrnehmungen nicht mehr zusammen. Das Hören, Sehen und Fühlen erscheint unwirklich. Der Betroffene hat das Gefühl, nicht mehr richtig anwesend zu sein. Manche Betroffene berichten sogar davon, dass sie sich dann von außen betrachten können.)

Ich persönlich mag die Bezeichnung „Borderline", weil ich ständig das Gefühl habe, auf einer Grenze zu balancieren. Es gibt keine Schutzzone zwischen den beiden Welten – es ist entweder schwarz oder weiß.

Ein Leben in Extremen: Vollgas voraus – zurück – Marsch, Marsch!

Man könnte sagen: Bordis haben soviel Power wie ein Sportwagen, aber Bremsen wie ein Polo. Kein Wunder, dass man da manchmal aus der Kurve fliegt. Mir gefällt der Vergleich mit Pferderassen noch besser. Der durchschnittliche Mensch ist emotional und spannungsmäßig vergleichbar mit einem Kaltblutpferd. Es ist stark, kann diese Kraft einsetzen und lässt sich nicht so leicht aus der Ruhe bringen. Ein Borderliner ist eher vergleichbar mit einem rassigen Araberpferd. (Vielleicht ist deshalb mein privates Pferd auch ein Araberwallach?!). Sie reagieren auf kleinste Hinweise und powern sofort los. Allerdings reagieren sie auch (ängstlich) auf Dinge, die den anderen Pferden überhaupt nicht auffallen würden.

Wenn man ein solches heißblütiges Pferd reiten will, muss man immer mit einer Überraschung rechnen. Mit der Zeit gewöhnt man sich daran, die Welt mit den Augen des Pferdes zu sehen. Man achtet ganz anders auf die Umgebung und erkennt Dinge, die das Pferd aus der Ruhe bringen können viel früher. Dann kann man die gemeinsamen Ausritte richtig genießen. Man freut sich, dass das Pferd bei der kleinsten Aufforderung rasch in eine schnellere Gangart wechseln kann. Es fliegt dahin und hängt die anderen Pferde locker ab. Nur: soll es dann wieder runterschalten, dauert das seine Zeit.

So wie das Pferd mit zunehmenden Ausbildungsstand seine Power besser dosieren lernt, so lernt der Borderliner mit Hilfe der DBT besser mit seinen starken Emotionen und Spannungszuständen umzugehen.

Leider hören wir Bordis immer wieder von Angehörigen: *Warum soll ich mich ändern? Du bist doch krank!* Oder noch „netter": *Ich bin gesund. Du bist doch die Gestörte.*

Da Sie als Angehöriger dieses Buch lesen, möchten Sie offensichtlich die Störung besser verstehen und nach Möglichkeit dazu beitragen, dass es dem Betroffenen und auch Ihnen selbst damit besser geht. Und das ist sehr gut! Eine Familie funktioniert wie ein Uhrwerk. Die unterschiedlichen Zahnräder greifen ineinander. Wird ein Zahnrad verändert, müssen sich auch alle anderen darauf einstellen. Anders geht es nicht!

Ja, das Leben mit einem Bordi ist anstrengend. Aber: wenn ein Bordi es könnte, würde er garantiert anders sein!

Dieses Leben kostet sehr viel Kraft!

Wenn ich nicht meinen Mann und unsere Kinder hätte und noch dazu meine besten Freundinnen – ich weiß nicht, woher ich diese Kraft nehmen sollte, um immer und immer wieder aufzustehen und neu anzufangen.

Ich bin so dankbar, dass meine Familie, Freunde und Therapeuten mich annehmen, obwohl ich so bin, wie ich bin.

Vielleicht schaffe ich es eines Tages ja auch, mich selbst so anzunehmen, wie ich bin.

Quelle
   3. LWL Klinik Hemer

# Wenn bei Ihrem Kind eine Borderline-Persönlichkeitsstörung diagnostiziert wurde

Oder wenn die Vermutung im Raum steht und niemand sich traut es auszusprechen

Auch wenn Sie jetzt vielleicht geschockt sind von der Diagnose: Ihr Kind ist immer noch der gleiche Mensch!

Überprüfen Sie erst mal Ihr Wissen. Die landläufige Meinung über diese Krankheit ist, dass Borderliner extrem gestörte, schwierige Menschen mit einem unerklärlichen Hang zur Selbstverstümmelung sind. Möglicherweise wurden Sie als Eltern auch direkt unter Generalverdacht gestellt, Ihrem Kind etwas Schreckliches angetan zu haben.

Dass Sie diesen Ratgeber lesen zeigt mir, dass Sie mehr wissen wollen, als nur diese Klischees. Und das ist sehr gut! Es ist Ihr Kind und niemand kann Ihnen die Verantwortung und die Sorgen abnehmen. Umso besser Sie informiert sind, umso besser können Sie Ihr Kind unterstützen.

Dass die Symptome einer Borderlinestörung teilweise denen einer normalen Pubertät ähneln, macht die Situation nicht wirklich leichter. Stimmungsschwankungen, Wutausbrüche und riskantes Verhalten treten bei fast allen Jugendlichen mehr oder weniger stark auf. Niemand möchte einen Heranwachsenden hospitalisieren, nur weil er in der Pubertät ist. Dann hätten wir wirklich viel zu tun. Aber nicht immer sind es nur die Ausläufer einer normalen Entwicklung. Und dann ist es manchmal schwer, als Eltern die richtige Hilfe zu bekommen.

Ein Beispiel?

Anna war 14 Jahre alt, als sie Ihren ersten Suizidversuch unternahm. Ihre Eltern, Sabine und Jürgen, machten sich große Vorwürfe, dass sie nicht vorher bemerkt haben, wie schlecht es ihrer Tochter ging. Noch während Anna auf der Intensivstation war, bestand Sabine darauf, dass ein Kinder- und Jugendpsychiater mit ihrer Tochter sprach. Die Mutter machte den Arzt darauf aufmerksam, dass es in ihrer Familie mehrere Fälle von schweren Depressionen gab und sie selbst auch schon depressive Episoden erlebt hatte. Sie hoffte, dass Anna jetzt qualifizierte Hilfe erhalten würde und sie wollte alles tun, um ihre Tochter zu unterstützen.

Am nächsten Tag wurde das Mädchen in die Kinder- und Jugendpsychiatrie verlegt. Sabine und Jürgen brachten ihrer Tochter Kleidung, Bücher und was sie sonst noch benötigte. Als sie sich verabschiedeten, wussten sie noch nicht, was jetzt folgen würde.

Damals waren Handys noch die Ausnahme. Also versuchten sie, ihre Tochter abends auf dem Stationstelefon zu erreichen. Doch sie bekamen nur zu hören, dass sie Anna vorläufig nicht sprechen dürften. Auf die Frage nach Besuchszeiten gab es die lapidare Antwort, die Patientin brauche jetzt erst mal Ruhe und Abstand. Sie dürfte die ersten 14 Tage nicht besucht werden, und dann gäbe es erst mal einen Termin mit der zuständigen Ärztin.

Was gibt es eigentlich schlimmeres, als nicht zu seinem Kind zu dürfen, kurz nachdem es dem Tod knapp entkommen ist?!

Der erste und auch viele nachfolgende Termine mit der Ärztin halfen der Familie nicht wirklich weiter. Aber es wurde den Eltern bewusst, dass sie hier auf der Anklagebank saßen. Immer wieder wurden sie gefragt, ob irgendetwas vorgefallen sei, Gewalt, Missbrauch o.ä. Einen solch schweren Selbstmordversuch würde ein Kind nur unternehmen, wenn es von den Eltern misshandelt oder missbraucht würde oder die Eltern Junkies oder Alkoholiker seien. Die Hinweise der Eltern, auf die familiäre Belastung mit Depressionen und auch auf das Mobbing in der Schule, wurden geflissentlich überhört. Auch weigerte man sich, das Kind mit Antidepressiva zu behandeln.

Im Wesentlichen bestand die Therapie aus Zeit totschlagen und wöchentlich stattfindenden Familiengesprächen, die eher einem Tribunal glichen.

Damals war die Versorgung mit Kinder- und Jugendpsychotherapeuten sehr schlecht. Und obwohl die Therapeuten offiziell keinen Unterschied zwischen gesetzlich versicherten und Privatpatienten machen dürfen, konnten Annas Eltern nur einen Therapeuten gewinnen, indem sie die Sitzungen aus eigener Tasche bezahlten.

Dieser war nur der Erste, aus einer langen Reihe von Psychologen, Ärzten und Krankenhäusern. Er war von Annas Frage fasziniert, warum man leben solle, wenn man doch früher oder später sterben müsse. Er hielt es für eine philosophische Frage und erkannte nicht, dass sie lediglich Ausdruck einer abgrundtiefen Depression war. Sabine und Jürgen mussten feststellen, dass dieser Therapeut nicht in der Lage war, Anna zu helfen. Sie suchten weiter nach Hilfe für ihre Tochter.

Nach langer Wartezeit wurde sie in Mannheim im ZI (Zentralinstitut für Seelische Gesundheit) aufgenommen. Jede Woche Mittwoch kamen die Eltern zum Familiengespräch, jeden Samstag holten sie Anna nach Hause und jeden Sonntag brachten sie sie wieder in die Klinik. Jede Fahrt nach Mannheim dauerte 3 ½ Stunden, zurück noch einmal das Gleiche. Anna blieb ein Viertel Jahr dort. Dann wurde sie entlassen, ohne dass ein wesentlicher Fortschritt erzielt worden wäre.

Als nächstes kam sie nach Herdecke in die Kinder- und Jugendpsychiatrie. Die Eltern erhofften sich neue Therapieansätze von der Anthroposophischen Klinik.

Immer wieder wurde der Verdacht geäußert, Anna könne an einer Borderline-Persönlichkeitsstörung leiden. Doch niemand wagte, diesem Verdacht weiter nach zu gehen. Schließlich war sie noch nicht erwachsen. Also bestand ja auch die Möglichkeit, dass sich die Störung noch „auswachsen" könne.

Anna lernte sehr viel von den anderen Jugendlichen bei all den Krankenhausaufenthalten: Sie verweigerte die Nahrung oder betrank sich, sie zeigte Hochrisikoverhalten, indem sie auf Brückengeländern balancierte und testete auch sonst viele verschiedene Arten, sich selbst zu verletzen oder zu gefährden.

Sie erhielt Beruhigungsmittel, die selbst gestandene Männer ruhiggestellt hätten. Tagsüber kam sie nicht aus dem Bett, und nachts kam sie nicht zur Ruhe. Ihre Mutter schlich sich Nacht für Nacht zu ihrem Zimmer und hatte immer Angst, sie könne zu spät kommen und Anna könne bereits tot sein. Oft wanderten Mutter und Tochter stundenlang durch die Nacht. Es war die einzige Möglichkeit, Annas Ritzdruck etwas zu mildern.

Auch die Anthroposophen wussten nicht weiter. Auch sie machten die Eltern verantwortlich für Annas Leiden, doch diesmal auf eine andere Art und Weise. Sie behaupteten, Sabine und Jürgen würden die Krankheit dadurch weiter befeuern, dass sie der Tochter immer wieder Zuflucht boten. Anna müsse „den Weg der Straße" gehen. Sie verboten den Eltern, ihre Tochter wieder bei sich aufzunehmen und setzten die Jugendliche vor die Tür. Sabine und Jürgen waren gezwungen, ihre eigene Tochter in die Kinderschutzstelle zu bringen. Können Sie sich vorstellen, wie schrecklich das war? Für die nächsten Jahre wurde Anna dann in einer Wohngruppe für Mädchen untergebracht. Man hangelte sich von Krise zu Krise. Kurz vor Annas Volljährigkeit wurden die Eltern gedrängt, ihre Tochter für nicht geschäftsfähig zu erklären und unter Vormundschaft stellen zu lassen.

Ich hoffe sehr, Ihnen und Ihrem Kind ist ein solcher Weg erspart geblieben!

Ein anderes Beispiel?

Saskia erzählt, dass sie im Alter von ca. 12 Jahren zum ersten Mal das Gefühl hatte, irgendetwas wäre nicht in Ordnung mit ihr. Sie war immer traurig und antriebslos. Ihr Körper schien ihr fremd und überall fühlte sie sich wie ein Fremdkörper. Sie trug nur noch schwarze Kleidung und zog sich immer weiter zurück. Sie blieb nur noch in ihrem Zimmer. Es fiel ihr immer schwerer, morgens aus dem Bett zu kommen. Oft klagte sie über Kopf- oder Bauchschmerzen.

Die Eltern machten sich Sorgen. Sie wandten sich an eine psychologische Beratungsstelle der Caritas. Doch es gab nach dem ersten Termin keine Fortsetzung. Das Mädchen war enttäuscht. Sie hatte einem fremden Menschen Einblick in ihr Innerstes gewährt und sollte nun einfach nach Hause gehen und erst in sechs Wochen wiederkommen. Sie ging noch zweimal hin und dann gab sie auf. Da sie nicht weiter von ihren Beschwerden sprach, dachten die Eltern es sei alles in Ordnung.

Nach zwei weiteren Jahren kam es zu ersten SVV. Es hatte in der Schule Stress gegeben. Sie fühlte sich von den Mitschülern ausgeschlossen. Und auf einmal drängte sich ihr das Gefühl wieder auf, dass etwas mit ihr ganz und gar nicht in Ordnung sei. Die negativen Gefühle fluteten das Mädchen und die Spannung war nicht zu ertragen. Sie ritzte sich zum ersten Mal die Haut auf. Merkwürdigerweise tat es gar nicht weh. Als endlich das Blut über den Arm lief fühlte sie tiefen Frieden – das erste Mal seit langem. Das nächste Mal schnitt sie schon tiefer und genoss die Erleichterung, als die Spannung nachließ. Beim dritten Mal fing sie erst wieder an zu denken, als ihre Mutter sie rief. Plötzlich stand die Mutter im Raum und beide starrten ungläubig auf Saskias Arm. Dort war eine mehrere Zentimeter lange tiefe, klaffende Fleischwunde. Beide waren fassungslos.

Saskias Mutter hatte früher als Krankenschwester gearbeitet. Ihr war klar, dass die Wunde genäht werden musste. Sie schob ihre eigenen Zweifel und Ängste beiseite und fuhr mit dem Kind in die chirurgische Ambulanz. Das war das erste Mal von vielen Besuchen dort.

Wieder suchten Mutter und Tochter die Beratungsstelle auf. Doch hier lehnte man weitere Termine ab mit der Begründung, dass Saskia jetzt doch intensivere Hilfe brauchen würde. Die Eltern bemühten sich, einen Termin beim Kinder- und Jugendpsychotherapeuten zu bekommen. Doch nirgends gab es einen freien Platz. Sie ließen Saskia auf Wartelisten setzen. Inzwischen ging alles seinen normalen Gang. Die Stimmung der Tochter wurde wieder besser und als in der Oberstufe der Klassenverband aufgelöst wurde und Saskia in den Kursen auf andere Mitschüler traf ging es ihr beinahe gut.

Die nächste depressive Episode kam dann ein Jahr vor dem Abitur. Mittlerweile war Saskia volljährig. Hatte man vorher einige ihrer Beschwerden der Pubertät zugeordnet, so waren diese Symptome jetzt eindeutig nicht mehr normal. Zuerst hatte sie Termine beim Therapeuten nur einmal monatlich. Nach dem Abitur ging sie dann wöchentlich hin.

Ein Termin in einer Klinik, die eine spezielle DBT Station hat, brachte endlich Klarheit: Saskia hatte eine Borderline-Persönlichkeitsstörung (BPS). Schon wenige Wochen später konnte sie an der stationären DBT teilnehmen.

Wie auch immer bei Ihrem Kind die Diagnose gestellt wurde, ich hoffe sehr, dass Sie kompetente Hilfe gefunden haben. In den letzten Jahren hat sich vieles zum Positiven verändert, aber es gibt immer noch viel zu tun.

Es ist sehr schwierig, die Diagnose Borderline-Persönlichkeitsstörung bei Jugendlichen zu stellen, da viele Symptome einer normalen Pubertät ähneln. Bei Heranwachsenden muss man noch von einer Weiterentwicklung der Persönlichkeit ausgehen, deswegen ist es auch schwierig die Diagnose einer Persönlichkeitsstörung zu stellen. Es gilt teilweise auch die Meinung, dass eine Persönlichkeitsstörung erst bei Erwachsenen diagnostiziert werden kann.

Mittlerweile gibt es auch ein DBT Programm für Heranwachsende, die DBT(A). Doch, damit Ihr Kind davon profitieren kann, muss irgendjemand die Diagnose Borderline-Persönlichkeitsstörung stellen. Im Gegensatz zur Diagnosestellung bei Erwachsenen reicht es bei Heranwachsenden wenn sie drei Kriterien erfüllen. Es ist verständlich, dass man junge Menschen nicht schon mit einem Stempel fürs Leben versehen will. Aber es ist tragisch, wenn ihnen deswegen die dringend benötigte Hilfe versagt wird.

Wenn man sich mit der Dialektisch Behavioralen Therapie beschäftigt, muss man erkennen, dass viele Anteile nicht nur hilfreich für Menschen BPS sind, sondern auch andere sehr davon profitieren können. Manches aus der DBT ist z. B. auch für depressive Menschen hilfreich. Vielleicht ist es möglich, eine gute und passende Therapie zu machen, auch wenn die Diagnose BPS bei dem Heranwachsenden noch nicht gestellt werden konnte. Wer in Ihrer Nähe eine entsprechende Therapie anbietet, können Sie am Besten im Internet erfahren. Bei meiner letzten Recherche schien es so, als sei der Süden Deutschlands wieder einmal besser versorgt, als die anderen Teile.

Ich hoffe, dieser Ratgeber kann Ihnen helfen, Ihr Kind besser zu verstehen und zu unterstützen. Da Sie sich die Mühe machen, sich zu informieren, gehe ich davon aus, dass Sie das Beste für Ihr Kind wollen. Vielleicht erkennen Sie in der Rückschau, was nicht ideal gelaufen ist. Lassen Sie sich trotzdem nicht entmutigen! In dem Moment, wo sie sich trauen, sich selbst in Frage zu stellen, bewegen Sie sich in die richtige Richtung! Nur wer bemerkt, dass etwas mit seinem Kind nicht in Ordnung ist, und trotzdem so weitermacht wie bisher, hat allen Grund sich Vorwürfe zu machen.

Wenn in diesem Ratgeber die Rede von einem invalidierendem Umfeld ist, bezieht sich das bei ca. 75 % der Borderline Betroffenen auf die Ursprungsfamilie. Aber eben nur bei 75 %! Vielleicht gehören Sie tatsächlich zu den anderen 25 %. Möglicherweise erlebt Ihr Kind aber in einem anderen Kontext Verletzungen und Invalidierungen. Es könnte in der Schule, in der Jugendgruppe oder sonst irgendwo sein. Mobbing ist ein schwerwiegendes Problem. Möglicherweise will Ihr Kind trotzdem nicht darüber reden. Kaum jemand kann voraussehen, wie sich die Situation entwickelt, wenn Eltern sich einmischen! Das Kind hat verständlicherweise Angst, dass sich die Situation noch verschlechtert, wenn Erwachsene eingreifen.

Andererseits kann diese fortgesetzte Verletzung Ihrem Kind schwerwiegenden Schaden zufügen. Überlegen Sie gemeinsam mit Ihrem Kind, welche Situationen besonders schwierig sind. Vielleicht ist es schon eine Erleichterung, wenn es nicht mehr mit dem Schulbus fahren muss. Mitunter ist aber auch ein Schulwechsel notwendig. Keine Sorge: Sie verzärteln Ihr Kind nicht. Mobbing ist kein Kinderspiel! Mobbing hinterlässt schwerwiegende Verletzungen. Sie würden ja auch nie verlangen, dass Ihr Kind sich ständig weiter verprügeln lässt!

Suchen Sie das Gespräch mit dem Schulpsychologen, den Lehrern, den Eltern der anderen Kinder etc. Aber versuchen Sie weiterhin, Ihrem Kind zu helfen! Lassen Sie sich nicht abspeisen mit Sprüchen wie: das gibt sich schon! Wenn Sie glauben oder wissen, dass Ihr Kind BPS hat, dann suchen Sie Ärzte und Therapeuten, die sich damit auskennen und suchen Sie eine Möglichkeit, dass Ihr Kind eine angemessene (DB)Therapie bekommt.

## Warum sind Bordis so, wie sie sind?

Die Borderline-Persönlichkeitsstörung ist nicht vererbbar. Es gibt kein Borderline - Gen. Allerdings scheinen gewisse Eigenschaften familiär gehäuft vorzukommen. So verfügen alle Betroffenen über eine hohe Sensitivität. Flapsig ausgedrückt könnte man sagen: Wir Borderliner spüren die Stimmung schon, bevor unser Gegenüber selber weiß, was mit ihm los ist.

An sich ist das ja eine gute Fähigkeit. Sie ist sogar eine sehr gute Grundlage für die Arbeit mit Menschen. Wenn Sie sich aber nicht abgrenzen können und auch mal gedanklich einen Schritt zurücktreten, wird es schwierig. Wenn Sie jede kleine Stimmungsschwankung wahrnehmen und selber emotional stark mitschwingen, kommen Sie aus den Schwingungen gar nicht mehr heraus.

Borderliner fühlen sich häufig „anders", nicht wirklich zugehörig zu den Menschen in ihrem Umfeld. In der Rückschau kann man bei einigen Betroffenen schon im Kindesalter typische Schwierigkeiten erkennen. Als Kind können sie sich inmitten von vielen Geschwistern einsam fühlen. Das können Nichtbetroffene oft nicht nachfühlen.

Ein Beispiel?

Ich bin aufgewachsen als die Jüngste von neun Kindern. Die meiste Zeit waren also genug Spielkameraden da. Dennoch fühlte ich mich schrecklich einsam. Eines Tages, ich schätze ich war so ungefähr sieben Jahre alt, beging ich den großen Fehler meiner großen Schwester ein Geheimnis anzuvertrauen. Ich flüsterte ihr zu: „Ich bin ein armes Waisenkind." Zu der Zeit wusste ich nicht, dass man eine Waise ist, wenn die Eltern tot sind. Aber ich wusste, dass Waisenkinder sehr einsam sind und diese Einsamkeit fühlte ich deutlich. Wie war wohl die Reaktion meiner Schwester? Sie lachte sich halb tot und sagte:

„Du spinnst ja total". Und dann zog sie eilig los, um der ganzen Familie zu erzählen, wie verrückt ich war. Das war natürlich ein gefundenes Fressen. Für die nächsten Wochen konnten sich alle prima auf meine Kosten amüsieren.

Auch werden diese Kinder schon oft von ihren Gefühlen überrollt. Starke Wutausbrüche, auch außerhalb der Trotzphase, geben einen kleinen Vorgeschmack.

Ein Beispiel?

Noch heute erzählt meine Mutter, dass ich schon als Kleinkind so wütend wurde, dass ich mich stocksteif machte vor Anspannung. Obwohl ich noch nicht stehen konnte, hätte man mich in diesen Phasen hinstellen und an die Wand lehnen können. Sie erzählt das heute noch mit großem Spaß. Für mich ist das Gefühl der Hilflosigkeit und Ohnmacht geblieben. Sie hat damals nicht erkannt, in welcher Not ich mich befand und sieht auch heute noch nicht die wahre Bedeutung. Ebenso wie meine Geschwister, die sich oft einen Spaß daraus machten, mich bis aufs Blut zu reizen. Wenn ich dann schreiend und weinend versuchte mich zu verstecken, verpetzten sie mich bei meinen Eltern. „Ira hat wieder einen Tobsuchtsanfall." Dafür wurde ich natürlich von den Eltern bestraft. Wut – das verbotene Gefühl.

Auch für die Familie sind solche Kinder eine Herausforderung. Ob aus Überforderung oder aus welchen Gründen auch immer, invalidieren die Familienmitglieder das Kind.

Invalidieren bedeutet, das Gegenüber nicht ernst zu nehmen, ihn nicht anzuerkennen und ihm das Gefühl zu geben, falsch zu sein. Dem Kind wird klargemacht, dass es z.B. falsch fühlt. Das hat zur Folge, dass Betroffene ihren Gefühlen nicht trauen können. Sie lernen nicht mit ihren Emotionen umzugehen.

Ein Beispiel?

Mein Vater sagte einmal: „Ich bin stolz auf meine Söhne und die Mädchen sind auch ganz nett". Und genau so war mein Alltag. Ich achtete genau darauf, wie sich meine nächst älteren Geschwister verhielten. Wurden sie für irgendetwas gelobt, versuchte ich mich möglichst genauso zu verhalten. Mit dem Erfolg, dass ich aufs schärfste getadelt wurde. „Du bist doch ein Mädelchen. So etwas machen Mädchen nicht." Meine nächst älteren Geschwister waren meine fünf Brüder. Ich musste schmerzhaft lernen, dass Jungen von Geburt an mehr Rechte haben.

Zeit Lebens habe ich versucht, die Erwartungen meiner Umwelt zu erfüllen. Doch egal, wie sehr ich mich bemühte, ich war nie gut genug. Bei jeder guten oder sehr guten Zensur fragten meine Eltern nur, wer die beste Note hatte und warum ich nicht die Beste sei.

Viele Menschen mit Borderline-Persönlichkeitsstörung haben schwerwiegende negative Gewalterfahrungen gemacht. Dabei ist es egal, ob es sich um körperliche, seelische oder sexuelle Gewalt handelt. Teilweise gehören die Täter zur Familie oder sind sonst im direkten Umfeld des Opfers zu finden. Da die Betroffenen keine Hilfe von den Eltern oder anderen Bezugspersonen bekommen, werden die Täter nicht zur Verantwortung gezogen, das Opfer bekommt keine Hilfe und ist häufig gezwungen noch über Jahre hinweg Kontakt zum Täter zu ertragen.

Ein Beispiel?

Mein Klavierlehrer berührte mich in jeder Unterrichtsstunde unsittlich. Ich bat meine Eltern, mit dem Klavierspielen aufhören zu dürfen. Aber alles Bitten half nichts – ich musste weiter zur Klavierstunde. Instinktiv wusste ich, dass ich meinen Eltern nicht die wahren Gründe nennen könnte, warum ich unbedingt aufhören wollte. Bevor ich auch nur eine Chance gehabt hätte, mir Hilfe bei meinen Eltern zu holen, schwärzte mich der Lehrer bei meiner Mutter an: Ich sei frech und faul etc. Raten Sie mal, wem sie glaubte! *Natürlich* dem Lehrer.

Ich halte noch einmal die Faktoren fest, die bei den meisten Menschen mit Borderline-Persönlichkeitsstörung zum Tragen kommen.

1. **Hohe Sensitivität**
2. **Invalidierendes Umfeld**
3. **Gewalterfahrungen**

Wegen des Zusammenspiels von Veranlagung und äußeren Faktoren spricht man von dem **biosozialem Modell oder auch dem Biopsychosozialen Modell.**

Zusätzlich zu der emotionalen Instabilität und den Spannungszuständen, leiden viele Borderliner unter Depressionen oder dem Posttraumatischen Belastungssyndrom (PTBS). Durch diese Krankheiten, die zusätzlich auftreten können, wird die Diagnose BPS häufig erst sehr spät gestellt. Bei vielen Betroffenen werden erst lange Zeit ausschließlich diese Begleiterkrankungen behandelt.

Eine große Gefahr besteht durch die Strategien, die Bordis entwickeln, um mit den extrem unangenehmen Spannungszuständen zurecht zu kommen. All diesen Strategien ist gemeinsam, dass sie kurzfristig helfen, jedoch langfristig das Problem vergrößern oder neue Probleme schaffen. In diesen Bereich fällt auch das „Ritzen", das viele Menschen mit der BPS verbinden. Wir sprechen dann von Problemverhalten bzw. Selbstverletzendem Verhalten (SVV).

Als Problemverhalten bzw. SVV kommen auch noch vor:

Essstörungen (z.B. Magersucht, Fressattacken, Erbrechen)

Hochrisikoverhalten (z.B. gefährliches Autofahren, Risikosport etc.)

riskante sexuelle Kontakte (z.B. mit wechselnden, unbekannten Partnern, ungeschützten Verkehr)

Substanzmißbrauch / Abhängigkeit (z.B. Alkohol, Marihuana, Tabletten, Drogen)

Therapieschädigend sind allerdings auch noch ganz andere Angewohnheiten, die in früheren Lebensjahren hilfreich waren, jetzt aber eine Therapie fast unmöglich machen. Dazu zählt z.B. auch das Dissoziieren. Während des Dissoziierens nimmt man die Umgebung verändert wahr. Geräusche klingen anders, weit entfernt oder verfremdet, häufig hat man einen Tunnelblick, manche Betroffene haben das Gefühl, außerhalb ihres Körpers zu sein, evtl. sogar sich von außen zu sehen. Auch die Zeit fühlt sich ganz anders an. Häufig haben die Betroffenen keine Erinnerung für diesen Zeitraum. Während der Dissoziation ist man hilf- und schutzlos. Daher kann dieses Geschehen Ängste auslösen. Andererseits stellt es eine Flucht und einen Ausstieg aus bedrohlichen oder überfordernden Situationen dar.

Warum lassen die Betroffenen denn diese Problemverhalten nicht einfach?

Als Kind ist man von seinen Eltern und seiner Familie abhängig. Ohne den Schutz der Familie ist ein Kind nicht überlebensfähig. Das heißt, dass dieser Mensch von klein auf um sein Leben bangt.

Was hat ein Kind schon für Möglichkeiten, sein Leben zu verändern? Sehr wenige würde ich meinen. Wenn man gelernt hat, dass das Zeigen von Gefühlen gefährlich ist, muss man Wege finden, alleine mit der Anspannung und den Emotionen zurecht zu kommen. Äußerlich ruhig bleiben, während innerlich ein Kampf tobt. Kleine Kinder träumen davon, weg zu laufen. Erwachsene haben auch Fluchtgedanken. Allerdings wissen Erwachsene, dass die Probleme und Sorgen meistens mitkommen. Egal wie weit man läuft. Es bleibt der Gedanke an die finale Flucht. Dieser Gedanke wirkt oft tröstlich: wenn es zu schlimm wird, bringe ich mich um. Ich habe die Möglichkeit, mich zu retten.

Diese Gedanken aufzugeben, fällt schwer. Man fühlt sich schutzlos ausgeliefert. Wenn man kein anderes Leben oder andere Möglichkeiten kennengelernt hat, braucht man diesen Notausgang.

Erinnern Sie sich bitte an die Grundannahmen über Bordis:
> *Das Leben suizidaler Borderline – Patientinnen ist so, wie es gegenwärtig gelebt wird, nicht auszuhalten.*

Wer kann sich so etwas schon vorstellen? Gibt es denn nichts, wofür es sich zu leben lohnt? Was ist mit deinem Mann? Deinen Kindern? Deinen Freunden?

In dem Moment zählt das alles nicht. Das Einzige, was zählt, ist der wahnsinnige Schmerz den du fühlst und dem du entkommen musst. Dein ganzes Denken und Fühlen ist nur darauf ausgerichtet, diesem schrecklichen Elend zu entkommen.

# Validierung – Invalidierung

*Die höchste Form menschlicher Intelligenz ist beobachten ohne zu bewerten.*
Idu Crishna Murti

Wir alle sind es gewohnt, alles was wir wahrnehmen im gleichen Augenblick auch zu bewerten. Das ist normal, wenn man sich vorstellt, einem gefährlichen Tier gegenüber zu stehen. Es wäre fatal, müsste man in einer solchen Situation erst lange überlegen. Eine schnelle Beurteilung der Situation und eine entsprechende Reaktion sind dann überlebenswichtig.

Doch es gibt nicht mehr so viele wilde Tiere in unserem Leben. Dafür gibt es zahlreiche Situationen, die man unterschiedlich beurteilen könnte.

Validieren bedeutet:

Feststellung der Wichtigkeit, des Wertes von etwas oder einer Gültigkeit.

Validierung im Umgang mit Menschen bedeutet, das subjektive Empfinden seines Gegenübers anzuerkennen.

Ein Beispiel?

Frau X hat durch einen Unfall ein kürzeres Bein. Sie hadert damit, jetzt schlechter laufen zu können und auf Hilfsmittel angewiesen zu sein.

Ihr Mann könnte sie validieren: *Das ist für dich eine echte Einschränkung, nicht mehr so gut laufen zu können, nicht wahr?*

Er könnte sie aber auch invalidieren: *Eine Behinderung besteht erst, wenn dein Bein mindestens 3 cm kürzer ist als das Andere. Also hast du keine Behinderung.*

In Gedanken ergänzt die Frau den oft gehörten Satz: Also stell dich nicht so an!

Männer und Frauen kommunizieren häufig verschieden. Frauen erzählen etwas, um sich mitzuteilen. Männer hören aber oft die Aufforderung: Tu was dagegen! So konzentriert sich der Mann schon während des Hörens auf die Sachlage, wie oben: Eine Behinderung liegt erst vor, wenn das Bein 3 cm kürzer ist! Während die Frau ihr subjektives Befinden mitteilen will: Es ist für mich eine große Umstellung, nicht mehr so laufen zu können wie früher.

Aber Missverständnisse gibt es nicht nur zwischen Männern und Frauen. Es gibt allgemeine Faktoren, die aus einem Gespräch einen Schlagabtausch werden lassen.

Ein Beispiel?

Frau S. hat sich mit ihrer Freundin in einem Café verabredet. Die Freundin kommt mit fünf Minuten Verspätung und sprudelt gleich los. *Du kannst dir nicht vorstellen, was heute im Büro los war. Ich bin völlig fertig. Deswegen konnte ich auch nicht früher kommen.*

Sofort reagiert Frau S. gereizt.

*Glaub ja nicht, dass ich es leichter habe. Wenn du nur einen Tag meine Arbeit machen müsstest, dann wüsstest du, das dein Job das reinste Zuckerschlecken gegenüber Haushalt und Kindern ist!"*

Was ist hier passiert? Die Freundin wollte nur von ihrem anstrengenden Tag berichten, aber Frau S. hat sofort den Faden weitergesponnen. Sie fürchtete, dass ihre Freundin die beiden Arbeitsbereiche vergleicht und ihre Arbeit abwertet. So wartet sie gar nicht erst ab, was ihre Freundin erzählen will, sondern geht direkt zum Angriff über.

In der *gewaltfreien Kommunikation (GFK) nach Marshall B. Rosenberg* (4) besteht der erste Schritt in der Kommunikation darin, herauszufinden, was das Gegenüber *eigentlich* ausdrücken und erreichen will.

Wollen Sie gewaltfrei kommunizieren, beachten Sie folgende Punkte:
- Beschreiben Sie, was Sie beobachten

- sprechen Sie eigene Gefühle und die des Betroffenen an
- nachfragen, ob Sie das richtig sehen
- fragen, welche Konsequenzen das für den Betroffenen hat
- fragen, was der Betroffene braucht oder wünscht
- sagen, was man selber braucht und wünscht
- geben Sie dem Betroffenen die Möglichkeit, auch etwas dazu zu sagen (monologisieren Sie nicht!)

Die Freundin wollte ausdrücken, dass sie einen harten Tag hatte. Sie wollte, dass das anerkannt und gewürdigt wird. Sie wollte *validiert* werden.

Frau S. wollte wahrscheinlich auch validiert werden. Aber durch einen solchen Angriff, fällt es ihrer Freundin schwer, dieses Bedürfnis hinter den Worten zu erkennen.

Wie könnte so ein Dialog *gewaltfrei* geführt werden?

Freundin: *Du kannst dir nicht vorstellen, was heute im Büro los war. Ich bin völlig fertig. Deswegen konnte ich auch nicht früher kommen.*

Frau S.: *Du siehst auch ganz geschafft aus. Doch jetzt bist du ja hier. Meine Kinder hatten es heute auch irgendwie stärker. Lass uns beide jetzt erst mal einen Kaffee trinken und dann können wir uns gegenseitig unser Leid klagen, falls wir das dann überhaupt noch nötig haben.*

Validierung bedeutet also, anzuerkennen wie es dem Anderen geht. Man kann verschiedenste Bereiche eines Menschen validieren: Sein Aussehen, seinen Verstand, seine Taten, seine Fähigkeiten – man kann alles an einem Menschen validieren. Man kann durch Worte, Gesten, Handlungen oder auch mit Hilfe von Gegenständen validieren.

Ein Beispiel?

Wenn ich merke, dass es meinem Gegenüber nicht gut geht, kann ich ihm einen Tee kochen und dadurch signalisieren: Ich habe gemerkt, dass es dir nicht gut geht. Ich möchte dir etwas Gutes tun.

Sie können sich auch selbst validieren: Als Angehöriger eines Menschen mit einer Borderline-Persönlichkeitsstörung stehen Sie großen Herausforderungen gegenüber. Wenn Sie dann mal tatsächlich ein paar Minuten Zeit haben, gönnen Sie sich eine Pause. Kochen Sie sich eine Tasse Tee oder Cappuccino. Sie haben es sich verdient!

Viele Menschen benutzen Worte wie Waffen. Sie teilen bewusst oder unbewusst Schläge aus. Gemäß dem Motto: Angriff ist die beste Verteidigung.

Manche Menschen werten ihr Gegenüber ab, um besser da zu stehen.

Häufig benutzen ganze Gruppen diese Mechanismen. Niemand findet etwas dabei. Jeder steckt ein und teilt aus. Doch manchmal gibt es Menschen, die feinere Antennen haben. Die empfindlicher reagieren. Oder es gibt innerhalb einer Gruppe oder Familie ein Mitglied, das irgendwie aus dem Rahmen fällt und deswegen immer wieder verletzt wird.

Richtig, die Rede ist von einem Menschen mit Borderline. Sein Anderssein macht ihn quasi zum Opfer. Schüler sind sich da manchmal erstaunlich einig, wen sie als Ventil benutzen. Meldet sich dann dieser sensiblere Schüler, dann werfen sie sich bedeutungsvolle Blicke zu, stöhnen demonstrativ oder sabotieren irgendwie seinen Beitrag. Alle diese Verhaltensweisen invalidieren den Mitschüler. Sein Empfinden wird nicht nur nicht anerkannt, sondern er wird schlecht gemacht, verunsichert und demontiert.

Ja, Kinder können manchmal grausam sein! Aber es gibt genug Erwachsene, die sich genauso verhalten. Und es gibt auch Eltern, die eins ihrer eigenen Kinder invalidieren. Häufig zieht die ganze Familie mit.

Invalidieren bedeutet, das Gegenüber nicht ernst zu nehmen, ihn nicht anzuerkennen und ihm das Gefühl zu geben, falsch zu sein. Dem Kind wird klargemacht, dass es z.B. falsch fühlt. Das hat zur Folge, dass Borderliner ihren Gefühlen nicht trauen können. Sie lernen nicht mit ihren Emotionen umzugehen.

Bei Mobbing in der Schule kann man die Schule wechseln – bei Mobbing in der Familie geht das leider nicht. Außerdem glaubt das Kind ja selbst, was es von frühester Kindheit an zu hören bekommt. Es ist bedingungslos loyal seiner Familie gegenüber. Immer in der Hoffnung, doch noch etwas Liebe abzubekommen, strengt es sich an, jede Anforderung 150 prozentig zu erfüllen. Es hat sich nur noch nicht genug angestrengt, sonst müssten Mama und Papa es doch merken.

Genauso, wie man jeden Anteil eines Menschen validieren kann, kann auch jeder Anteil invalidiert werden.

Ein Beispiel?

*Wie du wieder redest*

*Warum warst du nur Zweitbeste?*

*Das bildest du dir nur ein.*

Und genauso, wie man auch ohne Worte validieren kann, kann man auch ohne Worte invalidieren.


Ein Beispiel?

Mein Vater rief meine älteren Brüder und Schwestern zum Familienrat zusammen. Wir hatten etwas Rechtliches zu klären. Jeder wurde nach seiner Meinung gefragt. Als ich endlich an die Reihe kam, nahm mein Vater seine leere Colaflasche und schickte mich in den Keller eine neue holen. So hatte er mir ohne Worte deutlich gezeigt, dass ich nichts zu sagen hatte.

Viele Invalidierungen erfolgen ohne Vorsatz. Die Verletzungen sind trotzdem erheblich.

Kinder, die in einem solchen Umfeld aufwachsen, entwickeln das Gefühl, dass sie irgendwie verkehrt sind. Sie können ihren Gefühlen nicht trauen und stellen sich selbst in Frage. Sie werden Zeitlebens eine innere Leere fühlen und nicht wissen, wer sie sind. Sie bedürfen immer der Bestätigung von außen und haben immer Angst, verlassen zu werden. Sie halten sich selbst nicht für liebens – wert. Ihr Selbstwert ist katastrophal niedrig.

Quelle:
4. Wikipedia 9.1.2016 „Gewaltfreie Kommunikation"

## Negative Glaubenssätze

Menschen sind soziale Wesen. Wir sind so konzipiert, dass wir in Gemeinschaft mit anderen Menschen leben. Dafür ist es notwendig, dass wir die gleichen Regeln kennen und respektieren. Wenn ein Kind geboren wird, kennt es natürlich noch keine Regeln. Es kennt nur seine Bedürfnisse und die Eltern, die diese bestmöglich erfüllen. Wie die Eltern mit ihrem Kind umgehen, prägt das Bild, das das Kind von sich selbst hat.

Manche Kinder werden durch ihre Familie immer wieder invalidiert. So kommen sie zu der Meinung, dass mit ihnen etwas nicht stimmt. Sie verinnerlichen die negativen Beurteilungen. Und in allen möglichen und unmöglichen Situationen ploppen diese negativen Glaubenssätze auf, wie lästige Werbung am Computer. Der Betroffene kann nicht an ihnen vorbeisehen. Er wird vollständig von den negativen Sätzen geleitet und kann sich auf diese Weise natürlich nicht weiterentwickeln.

Am PC klickt man die Werbung einfach sofort weg. Man hat gelernt, dass man sie nicht braucht, und dass sie nur stört. Warum macht man das nicht auch einfach mit den Glaubenssätzen? Nun, dazu müsste man sie erst mal erkennen!

Ein Beispiel?

Im Laufe meiner Kindheit hörte ich immer wieder den Kommentar: *Typisch Ira!* Als ich in die Pubertät kam, zeigte ich natürlich auch die für diese Phase typische Ungeschicklichkeit und Unsicherheit. Mit der Zeit sagte ich schon selbst jedes Mal, wenn irgendetwas schief lief: *Typisch Ira!*

Wie bei einer sich selbst erfüllenden Prophezeiung wurde meine Ungeschicklichkeit immer schlimmer. Zum Glück bemerkte eine meiner

Schwestern diese überaus ungesunde Entwicklung. Ganz pragmatisch sagte sie, dass das Quatsch sei und jedem einmal etwas danebengeht. Tatsächlich hörte ich mit diesem Satz auf. Aber die ganzen unbewussten und unausgesprochenen negativen Glaubenssätze blieben.

Wenn der Betroffene die negativen Glaubenssätze identifizieren und aussprechen kann, hat er schon fast gewonnen. Der normale Verlauf ist aber leider anders. Diese Botschaften sind ja quasi mit der Muttermilch aufgesogen worden. Bei Menschen mit einer hohen Sensitivität und emotionalen Instabilität fallen sie auf fruchtbaren Boden. Diese Menschen fühlen sich ohnehin „irgendwie anders" und durch ihre Impulsivität sind sie häufig schon als Kind nicht die Einfachsten. So glauben sie dann auch, dass diese negativen Zuschreibungen ihre Berechtigung haben. In fast jeder Situation läuft dann unbewusst ein solcher Kommentar mit. Die Betroffenen trauen sich nichts zu und können sich auch nicht aus diesem Gefängnis befreien.

Ein Beispiel?

Katrin würde gerne schwimmen gehen. Früher, wenn die Familie zusammen schwimmen ging, wurde ihr sportlicher Bruder immer gelobt während sie immer als „lahme Ente" ausgelacht wurde. Obwohl sie alle Schwimmabzeichen locker absolviert hatte, glaubt sie noch heute, nicht schwimmen zu können. Seit sie nicht mehr bei den Eltern wohnt, kann niemand sie mehr dazu bewegen, ins Schwimmbad zu gehen. Es geht so weit, dass ihr Freund denkt, sie sei Nichtschwimmer. Im Sommerurlaub am Meer staunte er dann nicht schlecht, als die vermeintliche Nichtschwimmerin ihn locker überholte.

Noch ein Beispiel?

Als Kind wollte ich später gerne die Welt bereisen. Doch meine Eltern sagten: *Dafür musst du Sprachen können. Dafür bist du nicht schlau genug.* Als Mädchen liebte ich Tiere über alles. In der Mittelstufe des Gymnasiums fasste ich den Entschluss Tierärztin zu werden. Als ich meiner Mutter begeistert davon erzählte, sagte sie lapidar: *Dafür bist du nicht schlau genug!* Ich hätte ihr gerne das Gegenteil bewiesen, doch mit diesem verinnerlichten negativen Glaubenssatz gelangen mir trotz großer Mühe nur noch mittelmäßige Schulzeugnisse. Offensichtlich hatte sie wohl Recht: Ich war nicht gut genug. Von da an rief ich mich jedesmal selbst zur Ordnung, wenn ich irgendwelche Pläne fasste: *Dafür bist du nicht schlau genug!*

Wenn ich jetzt überlege, wie es sein würde, wenn ich meiner Mutter von diesem Buch erzählen würde, höre ich innerlich immer noch: *Das kannst du nicht, dafür bist du nicht schlau genug!* An schlechten Tagen lastet dieser Satz so stark auf mir, dass ich wirklich keinen klaren Gedanken fassen kann.

An guten Tagen kann ich darüber lachen: Ich habe es doch schon oft genug bewiesen, dass ich kann, was ich mir vornehme!

Erst wenn ich Glaubenssätze erkenne, kann ich damit bewusst umgehen. Es ist sehr mühsam, alles immer wieder in Frage zu stellen und bewusst eine neue Position zu beziehen, aber nur so kann ich mit der Zeit meinem Gefängnis entkommen.

Was können Sie tun, wenn Sie bemerken, dass Ihr Angehöriger ein Gefangener seiner alten negativen Glaubenssätze ist?

Es ist wichtig, dass Sie nicht einfach sagen: *Das ist doch totaler Unsinn.* Oder: *Stell dich nicht so an!* Sie würden nur Widerstand hervorrufen. Solange der Betroffene nicht selbst erkennt, wann und wie stark er durch diese negativen Glaubenssätze beeinflusst wird, ist keine Veränderung möglich.

Deshalb ist der erste Schritt: Helfen Sie Ihrem Angehörigen negative Glaubenssätze zu enttarnen:

*Kann es sein, dass du glaubst, du schaffst das nicht?*

*Warum glaubst du das?*

*So wie ich dich kenne, kannst du mehr, als du denkst.*

*Diese Sprüche hast du früher immer gehört, stimmts?*

Wenn es Ihnen gelingt, den ersten negativen Glaubenssatz zu enttarnen, wird es leichter den nächsten zu erkennen. Irgendwann erkennen Sie und Ihr Angehöriger diese lästigen und schädlichen Sätze sofort und wie die Werbung am PC schließen Sie das Fenster ganz, ganz schnell!

Es fühlt sich anfangs sehr ungewohnt oder sogar falsch an, gegen die Glaubenssätze zu handeln. Aber mit jedem Mal wird es leichter.

Umso öfter Sie einen positiven Ausgang erzielen, umso mehr ist der Betroffene in der Lage gegen diese alten Überzeugungen zu handeln und sich davon frei zu machen.

## Es ist wieder einer von diesen Tagen…

Schon beim Aufstehen merkt der Borderliner es. Er fühlt sich verkatert, obwohl er gestern gar nicht gefeiert hat. Er hat auch keinen Alkohol oder Drogen zu sich genommen. Er fühlt sich extrem dünnhäutig. Seine Haut scheint so dünn, dass sie ihn gar nicht mehr schützen kann: Seine Nerven liegen blank. Sein Körper sendet Signale, als ob er unter extremen Stress stehen würde.

Aber eigentlich ist er nur aus dem Bett aufgestanden.

Vielleicht war das schon der erste Fehler - Sollte er besser wieder zurück ins Bett krabbeln? Ob das helfen würde? Wahrscheinlich würde es das Problem nur ein paar Stunden nach hinten schieben. Aber verlockend wäre das schon!

Sie sitzen am Frühstückstisch und der Borderliner kommt herein mit einem Gesicht, als würde gleich die Welt untergehen. Vielleicht mault er Sie auch direkt erst mal an. Sie können sich gar nicht vorstellen, was in den wenigen Minuten zwischen Aufwachen und Frühstückstisch schon falsch gelaufen sein könnte und noch weniger können Sie sich vorstellen, wie Sie am besten damit umgehen sollen.

Möglicherweise kennen Sie das schon: Das wird sich jetzt so steigern, bis sie den Betroffenen gleich in die Ambulanz bringen können. Muss das denn wieder sein?

Der Betroffene kennt diese Tage natürlich genauso wie Sie. Und seine Erinnerungen, wozu dieses Gefühl beim Aufstehen in den nächsten Stunden sonst immer geführt hat, sind auch noch sehr präsent. Er fühlt sich beinahe magisch angezogen von diesen Erinnerungen. Sie sind nicht nur in seinem Kopf, sondern sein ganzer Körper erinnert sich: Problemverhalten, Ambulanz, geschlossene Station usw.

Der Gedanke daran ist nicht schön, aber er ist vertraut! Was vertraut ist, gibt Sicherheit! Und da Borderliner kaum über Selbstsicherheit verfügen, geraten sie schnell wieder in das alte Fahrwasser. Gerade, wenn der Betroffene noch keine spezifische Therapie hatte ist die Gefahr sehr groß.

Was kann man tun, um diese Abwärtsspirale zu unterbrechen?

Wenn Sie bemerken, dass der Betroffene sich wieder in einer solchen Verfassung befindet, sprechen Sie ihn an. Wie bereits öfter besprochen, möglichst ohne Vorwurf. Allein der Spruch: *Muss das denn wieder sein?* Hat bei mir schon mal verhindert, dass ich mir rechtzeitig Hilfe geholt habe. Fangen Sie also wieder bei sich an, bei dem, was Sie beobachtet haben:

*Ich habe das Gefühl heute ist gar nicht dein Tag, was?*

*Mann, das fing schon vor dem Aufstehen an. Ich bin wach geworden und merkte direkt: den Tag kannst du vergessen. Heute Nachmittag bist du wieder auf der geschlossenen!*

*So schlimm? Kannst mir genauer sagen, was du eigentlich fühlst? Kriegst du das überhaupt zu fassen, oder ist alles so schwammig?*

*Das ist wirklich alles schwammig. Das kam wie angeflogen.*

*Versuchst du es trotzdem mal? Ich möchte versuchen nachzuvollziehen, wie du dich fühlst.*

Möglicherweise fällt es dem Betroffenen schwer, die Gefühle zu beschreiben, die ihn im Griff haben. Es kann auch sinnvoll sein, erst mal zu skillen. Bieten Sie direkt Skills an:

*Soll ich dir deine Skilltasche geben? Oder möchtest du ein Coldpack?*

Ermuntern Sie den Betroffenen weiter, zu versuchen seine Gefühle zu benennen. Es müssen keine ganzen Sätze sein, es muss auch nicht *Das Gefühl* schlechthin sein. Meistens handelt es sich ohnehin um einen Gefühlscocktail.

*Ich bin antriebslos, kraftlos.*

*Ich fühle mich traurig und allein. Allerdings kann ich mir auch keine Gesellschaft vorstellen!*

*Ich fühle mich nutzlos, bekomme keinen Gedanken zu fassen.*

*Ich fühle mich hoffnungslos, kann mir nicht vorstellen, dass es jemals wieder anders wird.*

*Die Zukunft macht mir Angst. Schon der Gedanke an später, morgen, übermorgen ist unerträglich. Ich habe wieder „schwarze Gedanken". Das beunruhigt mich. Ich will nicht, dass wieder etwas passiert.*

Obwohl der Betroffene schon ausreichend Erfahrung hat und auch ziemlich genau weiß, was er nicht will, fällt es ihm in dieser Situation schwer, zu entscheiden was der nächste sinnvolle Schritt ist.

Was ist zu tun?

Überlegen Sie gemeinsam, was für Hilfsangebote es gibt.

*Du kannst Telefoncoaching in Anspruch nehmen.*

Vielleicht entgegnet der Betroffene:

*Beim Telefoncoaching fragen die immer nach der Spannung. Aber mir geht es nicht darum durch Skills die Spannung zu regulieren.*

*Du kannst deinen Therapeuten anrufen. Meist hilft dir ein kurzer Kontakt mit ihm.*

Vielleicht ist er im Moment nicht erreichbar. Vielleicht möchte der Betroffene nicht bei ihm anrufen. Wenn der Betroffene von „schwarzen Gedanken" spricht, oder irgendwelche Andeutungen macht, fragen Sie ruhig direkt, ob Suizidgefahr besteht. Sie können gängige Umschreibungen benutzen, denn wer fragt schon gern: Willst du dich umbringen?

Sie könnten fragen: *Kannst du für dich garantieren, dass nichts passiert? Besteht die Gefahr, dass du dir was antust?* Wenn der Betroffene gefährdet ist, sollte er möglichst bald in die Klinik gehen.

Wenn die Gefährdung nicht so groß ist, kann der Betroffene dennoch das Gefühl haben, ins Krankenhaus gehen zu müssen, *weil das immer so war*. Wenn er aber eigentlich lieber zu Hause bleiben würde, können Sie die Gedanken an diesem Punkt weiterspinnen.

*Was würde im Krankenhaus geschehen? Was würde dir da am besten helfen?*

*Wenn es mir im Krankenhaus schlecht geht, kann ich meine Bedarfsmedikation nehmen.*

*Und das tut dir dann gut? Möchtest du jetzt deine Medis nehmen?*

*Ja, das könnte ich eigentlich machen. Und dann würde ich mich in mein Bett verkrümeln und gar nichts machen. Vielleicht Musik hören.*

*Das wäre dann eine Entlastung für dich, oder? Möchtest du dich jetzt hier auch einfach mal zurückziehen?*

*Das geht ja nicht. Ich muss nachher noch bügeln und putzen. Da kann ich mich nicht einfach ins Bett legen!*

*Aber, wenn ich dich jetzt ins Krankenhaus bringen würde, könntest du diese Arbeit auch nicht machen.*

*Das ist dann aber etwas Anderes: dann kann ich das ja nicht erledigen.*

*Eigentlich ist das ja nicht so viel anders. Wenn wir sagen: heute geht es dir gar nicht gut und deswegen brauchst du heute nichts Anderes tun, als dich um dich selbst zu kümmern, wäre das ja ähnlich wie im Krankenhaus. Du könntest hier auch deine Bedarfsmedikation nehmen und wenn es alles nichts hilft, oder falls es schlimmer wird, kann ich dich immer noch ins Krankenhaus bringen.*

*Also deine Hauptaufgabe besteht heute darin, für dich zu sorgen. Erlaube dir, dich erst mal nur um dich zu kümmern.*

Also los! Mit voller Kraft nichts Nützliches tun!

Im Krankenhaus würde der Borderliner vielleicht Musik hören und am Laptop Solitär spielen. Das macht er jetzt zu Hause. Ganz ohne schlechtes Gewissen! Dann kommt vielleicht auch noch ihre Katze und kuschelt sich auf den Schoß. Das tut gut.

Vielleicht kochen Sie dem Betroffenen einen Tee und essen zusammen ein paar Plätzchen.

Ja, Sie haben Recht: das ist eine Validierung ohne Worte: Ich habe erkannt, dass es dir schlecht geht. Und das ist jetzt leider so. Ich tue dir was Gutes, du selbst tust dir etwas Gutes und vielleicht geht es dir schon bald besser.

Ein Beispiel?

Als ich das letzte Mal in dieser Situation steckte, tobte draußen ein richtiger Herbststurm mit Unmengen von Regen. Nicht mal die Hunde wollten vor die Tür. Aber das konnte mir egal sein. Ich musste ja gar nicht raus. Morgens war ich kurz mit den Hunden spazieren, jetzt konnte ich drinnen bleiben.

Ich kochte mir noch einen Tee und las die Zeitung. Dann schrieb ich mit meinen Freundinnen bei whats app. Ach ja, was waren noch die Hausaufgaben für die Skillgruppe? Da konnte ich mich jetzt in Ruhe mit befassen. Später nahm ich mir die Zeit, den Zettelkram mal zu ordnen. Es tat richtig gut, dicke Stapel überholter Blätter auszusortieren. Da waren auch ein paar sehr private Blätter bei. Die konnte ich im Ofen verbrennen. Schönes Gefühl, dass niemand diese Dinge je lesen wird. Ich fühlte mich leichter, als ob die äußere Ordnung hilft, meine innere Ordnung wiederherzustellen.

So langsam ging es mir wieder besser – es ging mir sogar gut. Ich habe richtig was geschafft, an diesem Tag wo ich nichts Nützliches tun wollte. Irgendwie war alles was ich tat doch nützlich: Die schwarzen Gedanken sind weg. Ich habe mich sortiert, mir geht es wieder besser und das habe ich selbst geschafft.

Ich bin stolz auf mich!

# Ganz schön spannend

Das tückische bei der Borderline-Persönlichkeitsstörung ist die Kombination aus hoher Anspannung und starken Emotionen. Bei starken Emotionen ist es fast allen Menschen nicht möglich so klar zu denken wie sonst. Unter hoher Anspannung wird es noch schwieriger. Bei Menschen mit BPS steigt die Spannung noch viel stärker und schneller als bei nicht Betroffenen. Wir schätzen die Spannung von 1 bis 9 ein. 1 ist ganz niedrige Spannung (erreicht ein Borderliner nur im Schlaf) bei 9 ist die Spannung extrem hoch. Ab einer Spannung von 7 ist logisches Denken nicht mehr möglich. Die Gefahr von Problemverhalten (PV) ist sehr groß. Unter PV versteht man Verhaltensweisen, die dazu dienen die Spannung zu regulieren, aber kurz- oder langfristig schädlich sind z.B. sich schneiden, riskant Autofahren etc.

Deswegen ist es wichtig, die Spannung immer im Blick zu haben. In der DBT ist es üblich, eine Spannungskurve zu führen. Der Borderliner sollte ungefähr alle zwei Stunden und immer, wenn es ihm nicht gut geht oder wenn es ihm besonders gut geht, die Spannung einschätzen und eintragen.

Die Liste unten gibt Anhaltspunkte für die Spannungseinschätzung. Sie wurde von DBT Patienten in Hemer erstellt, ist also voll aus dem Leben gegriffen. Manche Kriterien können Sie von außen erkennen, andere kann nur der Betroffene selbst einschätzen. In der DBT ist die Spannungseinschätzung immer der erste Punkt auf der Tagesordnung.

# Spannung einschätzen

1) positive Gedanken oder Gefühle, sehr entspannt, sehr gute Konzentration, Körper gut spürbar, mühelos in der Lage eigentliche Tätigkeit weiterzuführen

2) positive Gedanken oder Gefühle, sehr gute Konzentration, Körper gut spürbar, sehr gut in der Lage eigentliche Tätigkeit weiterzuführen

3) Gedanken oder Gefühle ok, gute Konzentration, Körper gut spürbar, gut in der Lage eigentliche Tätigkeit weiterzuführen

4) gemischte oder neutrale Gedanken und Gefühle, Konzentration ok, Körper relativ spürbar, relativ gut in der Lage eigentliche Tätigkeit weiterzuführen

5) negative Gedanken oder Gefühle, mittelmäßige Konzentration, Körper einigermaßen spürbar, mit Mühe in der Lage, eigentliche Tätigkeit weiterzuführen

6) starke negative Gedanken oder Gefühle, mittelmäßige Konzentration, Körper nur mittelmäßig spürbar, mit viel Mühe in der Lage eigentliche Tätigkeit weiterzuführen

7) negative Gedanken drängen sich auf und sind nicht kontrollierbar, starke negative Gefühle, wenig aufnahmefähig / schlechte Konzentration, Körper wenig spürbar, nicht in der Lage eigentliche Tätigkeit weiterzuführen, <u>Point of no return</u>

8) starker Selbstverletzungsdruck, kaum ansprechbar, nicht aufnahmefähig, keine Konzentration, Körper kaum spürbar, nicht in der Lage, eigentliche Tätigkeit weiter zu führen

9) fast unerträglich, extremer Selbstverletzungsdruck, Körper gar nicht mehr spürbar, nicht mehr ansprechbar, nicht aufnahmefähig /

gar keine Konzentration, nicht in der Lage eigentliche Tätigkeit weiter zu führen (z.B. Gespräch führen oder an Gruppe teilnehmen etc.) (5)

Point of no return heißt zu deutsch: der Punkt ohne Wiederkehr. Ab einer Spannung von 7 aufwärts ist man erfahrungsgemäß nicht mehr in der Lage, klar zu denken. Die Gefahr, den Handlungsimpulsen zum Problemverhalten nachzugeben ist sehr groß. Deswegen ist es sehr wichtig im Vorfeld zu versuchen, die Spannung gar nicht erst so hoch steigen zu lassen bzw. sie durch skillen wieder zu senken.

Ein Beispiel?

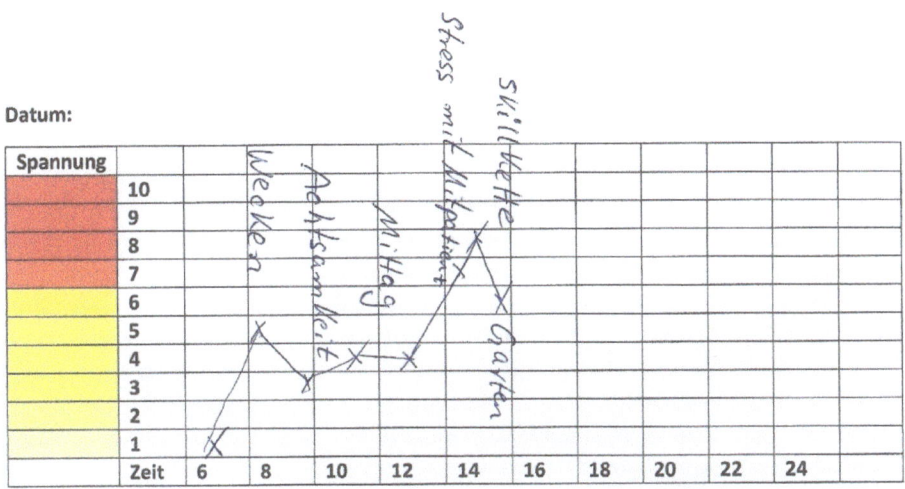

Wie oben zu sehen ist, sollte man nicht nur die Spannung, sondern auch das dazugehörige Ereignis eintragen. Wenn man die Kurve regelmäßig führt, wird es zur Gewohnheit und damit auch einfacher.

Quelle

5.: LWL Klinik Hemer

## Selbstverletzendes Verhalten – das ist doch dieses Ritzen, oder?

Es ist eine Tatsache, dass Borderliner immer wieder mit sehr starken Emotionen und belastenden Spannungszuständen zu kämpfen haben. Die meisten haben irgendwelche Strategien entwickelt, um die Spannung abzubauen. Leider sind einige dieser Strategien zwar kurzfristig wirksam, aber langfristig schädlich. In der DBT spricht man dann von Problemverhalten (PV). Dazu gehört z.B. auch das sogenannte Ritzen. Andere Betroffene leiden an Essstörungen wie Bulimie oder sind abhängig von Drogen oder Alkohol. Sehr viele Borderliner rauchen und fügen sich Brandverletzungen mit den Zigaretten zu. Auch riskantes Autofahren oder ungeschützter Verkehr mit wechselnden oder fremden Geschlechtspartnern zählen zu Selbstverletzendem Verhalten (SVV).

*Warum tut man denn sowas? Das tut doch weh! Und wie das aussieht: diese ganzen Narben.* Es ist normal, solche Fragen zu stellen. Aber Borderline ist nicht normal. Es gelten also auch keine normalen Ansichten. Diese starken Emotionen und Spannungszustände sind kaum zu ertragen. Die ganze Wahrnehmung ist stark verändert, logisches Denken ist unmöglich, die Konzentrationsfähigkeit ist nahe Null. Der Körper fühlt sich so an, als würde er einem nicht mehr gehören d.h. man fühlt sich nicht mehr. Der Handlungsimpuls wird immer stärker. Der sogenannte „Ritzdruck" steigt gefährlich an. Wenn der Borderliner noch nicht gelernt hat Skills einzusetzen, versucht er durch starke Reize, durch wirklich starke Reize die Spannung zu regulieren. Das können Schmerzen sein oder alle anderen oben aufgeführten Arten von Selbstverletzendem Verhalten (SVV).

Dazu kommt bei vielen Betroffenen, dass sie Missbrauchs oder Gewalterfahrungen gemacht haben und in Folge dessen ein schwieriges Verhältnis zu ihrem Körper haben.

Kurzfristig kann das SVV also die Spannung reduzieren und den Betroffenen wieder zurück in die Realität holen. Hier wieder angekommen schämen sich die Borderliner oft für ihr Verhalten und versuchen, die Narben zu verstecken. Scham kann ein sehr starkes Gefühl werden, gerade bei Menschen mit BPS. Dann kommt noch Spannung dazu und der Teufelskreis schließt sich.

Nicht selten empfinden Borderliner ihr Leben als unerträglich. Daher unternehmen viele immer wieder Suizidversuche. Und bei 5 -8 Prozent gelingt es auch (6).

*Wie kann sie uns das nur antun? Bedeute ich ihr denn gar nichts?*

Es ist klar, dass Sie sich das fragen. Aber: es geht dabei nicht um Sie! Das, was der Betroffene erleidet ist so schrecklich, dass er nur noch den Wunsch hat zu fliehen. Aber egal wohin er geht, die Borderline-Persönlichkeitsstörung kommt mit. Daher gibt es nur einen Ort, wohin er kann…

Es ist besonders schlimm für Borderline Betroffene, dass sie immer auch den Menschen, die sie am meisten lieben, den größten Kummer und Schmerz bereiten. Auch das gibt dem Borderliner wieder das Gefühl versagt zu haben.

Wenn Sie also wieder einmal Ihren Angehörigen auf der Intensivstation oder auf der geschützten Station besuchen müssen, denken Sie bitte daran, dass er sich selbst schon genug Vorwürfe macht.

Ein Beispiel?

Nach einem (zum Glück) misslungenen Suizidversuch wurde eine Borderlinerin direkt nach dem Aufwachen auf der Intensivstation von der Krankenschwester begrüßt mit den Worten: *Ja, Sie sind noch da. Sie sind im Krankenhaus. Jetzt sind Sie froh, ne?* Die Patientin erzählte mir später: *Ich wusste gar nicht, was ich denken sollte. War ich froh? Keine Ahnung. Ich wusste doch nicht, wie mein Leben jetzt aussieht. Vor dem Suizidversuch konnte ich mein Leben nicht mehr ertragen. Ist es jetzt besser? Außerdem hatte ich wahnsinnige Angst, dass meine Familie mich jetzt fallen lässt. Ich könnte es ja verstehen. Wer kann so etwas schon aushalten. Aber, wenn ich jetzt wirklich allein dastehe, dann wäre ich lieber tot.*

Da Sie sich die Mühe machen, diesen Ratgeber zu lesen, gehe ich davon aus, dass Sie Ihren Angehörigen wirklich unterstützen möchten. Daher bitte ich Sie im Namen aller Bordis, die ich kenne: verkneifen Sie sich die Vorwürfe und zeigen Sie Ihrem Angehörigen, dass Sie trotz allem zu ihm stehen.

Möglicherweise sagt der Borderliner Dinge wie: *Ich weiß, ich bin eine Belastung. Du wärest besser ohne mich dran.* Oder wenn es ganz schlimm kommt, schickt er Sie vielleicht sogar weg.

*Warum macht er das bloß? Ich denke, dass mein Angehöriger wahnsinnige Angst hat mich zu verlieren?*

Ja genau! Die Angst ist so groß, dass er mit dieser Angst nicht umgehen kann. Zurückweisung haben die Meisten von uns immer und immer wieder erfahren. Viele wurden auch mit Liebesentzug bestraft, wenn sie nicht „brav" waren. Die Angst, das wieder zu erleben und zu erleiden ist so groß, dass man es besser selbst vorwegnimmt.

Für mich war es ein Schlüsselmoment, als mein Mann mir sagte: „Es tut mir weh, wenn du sagst, dass du eine Belastung bist. Und ich bin nicht besser dran ohne dich. Ich möchte, dass es dir besser geht, dann geht es mir auch besser!" Dieses klare Statement hat mir Kraft gegeben, weiter zu kämpfen. Ich bewundere meinen Mann für seine Ausdauer und Geduld. Und jetzt eine traurige Nachricht für alle Frauen mit BPS: Mein Mann ist vergeben! Ihr könnt also allerhöchstens den Zweitbesten Mann der Welt haben.

Quelle:

6.: Frances et. al. 1986

# Dissoziation

Ein Phänomen, das bei der Borderline-Persönlichkeitsstörung auftreten kann, ist die Dissoziation. Man versteht darunter die Abspaltung der verschiedenen Sinneseindrücke von dem restlichen Erleben. Unser normales Erleben setzt sich zusammen aus Eindrücken, die wir über die verschiedenen Sinne wahrnehmen und unterschiedlich verarbeiten. Normalerweise werden alle diese Informationen zusammengeführt, so dass ein umfassendes Gesamtbild entsteht.

Unter gewissen Umständen kann diese Zusammenführung gestört sein.

Während des Dissoziierens nimmt man die Umgebung verändert wahr. Geräusche klingen anders, weit entfernt oder verfremdet, häufig hat man einen Tunnelblick, manche Betroffene haben das Gefühl, außerhalb ihres Körpers zu sein, evtl. sogar sich von außen zu sehen. Auch die Zeit fühlt sich ganz anders an. Häufig haben die Betroffenen keine Erinnerung für diesen Zeitraum. Während der Dissoziation ist man hilf- und schutzlos. Daher kann dieses Geschehen Ängste auslösen. Andererseits stellt es eine Flucht und einen Ausstieg aus bedrohlichen oder überfordernden Situationen dar.

Die Schwere der Dissoziation kann unterschiedlich sein. In leichten Fällen bzw. wenn der Betroffene es frühzeitig bemerkt, kann durch Verlassen der Situation oder dem gezielten Einsatz von Skills rasch eine Rückkehr in die Realität erreicht werden. In schwereren Fällen kann eine Dissoziation einem Krampfanfall ähneln oder der Betroffene ist agitiert und wehrt sich heftig gegen Alles und Jeden. Manch einer ist einfach „weggetreten" und reagiert nicht auf Ansprache.

Eine Dissoziation ist oft eine Folge von Überforderung. Äußere Faktoren wie Lärm, Gewusel oder optische Überreizung können die Ursache sein. Aber auch Inhalte, wie z.B. bei der Konfrontation mit schwierigen Themen.

Die Betroffenen nehmen dissoziative Phänomene unterschiedlich war. Während manche beunruhigt sind, stellt es für andere einen willkommenen Ausstieg aus der Wirklichkeit dar. Hier liegt auch das große Problem: hat der Betroffene gelernt Schwierigkeiten durch Dissoziation zu entkommen, kann er das in Extremsituationen durchaus hilfreich finden. Wird dieses Fluchtverhalten dann aber auch auf weniger extreme, aber unangenehme Situationen übertragen, ist der Betroffene nicht mehr in der Lage, sich den Problemen zu stellen und aktiv zu der Lösung beizutragen. Durch die mentale Abwesenheit kommt es auch zu Wissens- bzw. Informationslücken. Aus diesen Gründen kann häufiges Dissoziieren eine effektive Therapie unmöglich machen.

Da der Betroffene nicht in der Lage ist, während der Dissoziation adäquat auf Umweltreize zu reagieren, ist er natürlich gefährdet. Selbst als Fußgänger muss man seine sieben Sinne beisammenhaben.

Aus diesen Gründen sind dissoziative Phänomene dem Problemverhalten (PV) zu zuordnen. Es ist wichtig, dieses PV möglichst frühzeitig in den Griff zu bekommen.

Wie kann man der Dissoziation begegnen?

Es ist sinnvoll, wenn der Betroffene eine Verhaltensanalyse anfertigt. Wenn Ihr Angehöriger einen DBT Einzeltherapeuten hat, wird dieser sich darum kümmern. Wenn nicht versuchen Sie zusammen mit Ihrem Angehörigen heraus zu finden, was bei der aktuellen Situation der Auslöser war und welche begünstigenden Faktoren es gab. Schlafmangel und zu wenig Trinken sind hier z.B. ganz wichtige Faktoren. Wenig Trinken kann genauso zum Selbstverletzendem Verhalten (SVV) werden, wie zu wenig Essen. Sollten Sie bemerken, dass

Ihr Angehöriger zu wenig trinkt, fragen Sie bitte nach: Stimmt Ihre Wahrnehmung? Wenn ja, warum macht er das? Vergisst er einfach zu trinken oder macht er das gezielt, um leichter zu dissoziieren? Hilft es, mal für ein paar Tage eine Trinkliste zu führen?

Als nächstes wäre es sehr hilfreich, Frühwarnzeichen zu erkennen. Schon bevor der Betroffene ganz weggetreten ist, gibt es innere und äußere Warnzeichen. Diese bewusst wahrzunehmen ermöglicht ein frühzeitiges Gegensteuern und vermeidet oft schwerwiegendes PV. Innere Frühwarnzeichen kann nur der Betroffene wahrnehmen: z.B. verzerrtes Hören oder Sehen etc. Äußere Frühwarnzeichen können sein z.B. starrer Blick, Unaufmerksamkeit, plötzliches Unterbrechen der Handlung, mit dem Oberkörper schaukeln, Kopfschütteln, Hände verkrampfen, schnelle Atmung usw. Welche Frühwarnzeichen bei Ihrem Angehörigen auftreten, müssen Sie selbst beobachten. Dazu dient in der Therapie die Verhaltensanalyse. Denn bevor man etwas verhindern kann, muss man erkennen, wie es abläuft. Umso besser man den Ablauf kennt, umso früher kann man einschreiten und durch Verlassen der Situation und durch Skills das Problemverhalten unterbrechen oder sogar verhindern.

Und wieder der Hinweis: Sie sind nicht der Therapeut Ihres Angehörigen.

Aber wenn Sie Ihren Angehörigen so lieben, wie meine Familie mich, dann sind Sie sicher froh, wenn Sie Hintergrundwissen haben und vielleicht sogar helfen können. Vielleicht! Denn möglicherweise kann Ihr Angehöriger die Hilfe von Ihnen nicht annehmen. Das ist dann leider so! Seien Sie bitte nicht enttäuscht. Für Manches braucht man eben Hilfe von außen. Nicht umsonst sind das Studium der Medizin und das Studium der Psychologie die aufwendigsten Studiengänge überhaupt.

# Skills – ach ja, die Gummibänder am Handgelenk

Das ist häufig der erste Gedanke. Aber das ist zu kurz gegriffen. Der Begriff „Skill" kommt aus dem Englischen und bedeutet übersetzt „Fertigkeit". Das beschreibt viel besser, worum es geht. Es geht darum Fertigkeiten zur Spannungsbewältigung zu lernen, die auch langfristig unschädlich sind. Die meisten Menschen verfügen über Skills, die sie häufig unbewusst einsetzen.

Ein Beispiel?

Ich denke da sofort an meinen Lateinlehrer, der immer mit seinem Kuli herumspielte. Wir Schüler fragten uns damals schon, was wohl passieren würde, wenn man den Stift mal klammheimlich entwendet. Doch der Herr Oberstudienrat ließ diesen Stift nie achtlos herumliegen. Am Ende der Stunde wanderte der Kuli direkt in die Brusttasche des Jacketts, wo er bis zur nächsten Unterrichtsstunde wartete.

Vielleicht kennen Sie selbst weitere Beispiele, oder wissen genau, welches Ihr häufigster Skill ist. Ja, auch Rauchen wird zur Spannungsregulation eingesetzt. Da Rauchen jedoch langfristig gesehen schädlich ist, muss man sich fragen, ob es wirklich ein Skill, oder doch eher ein Problemverhalten darstellt.

**<u>Das Ziel jedes Skills ist es, die Spannung auf einem erträglichen Level zu halten bzw. sie entsprechend abzusenken, ohne kurz- oder langfristig schädlich zu sein.</u>**

Doch bei Menschen mit BPS steigt die Spannung viel höher, als bei nicht Betroffenen. Deshalb brauchen sie auch stärkere Skills. Auch wenn Sie selbst nicht unter Borderline leiden, probieren Sie ruhig mal einige Skills aus. Nur seien Sie bitte vorsichtig: Manche Skills für Borderliner sind so stark, dass jemand ohne diese hohe Anspannung sie kaum ertragen kann. Seien Sie auch vorsichtig, wenn freundliche

Borderliner Ihnen „Süßigkeiten" aus ihrer Skilltasche anbieten. I.d.R. ist es ein Versuch, Sie zu vereimern. Die „Süßigkeiten" sind dann extrem sauer oder scharf. Ein wenig Spaß wird doch wohl erlaubt sein? Betroffene können durch das Kauen dieser verschärften Süßigkeiten die Spannung wieder etwas senken, sie können aber auch testen, wie hoch die aktuelle Spannung ist. Da im Hochstress Körperempfindungen viel weniger stark wahrgenommen werden, kann man beobachten, wie stark man auf diese Reize reagiert und dann Rückschlüsse auf seine Spannung ziehen. Manchmal kann man als Borderliner schlecht unterscheiden, ob man z.B. nur müde oder in hoher Anspannung ist. Wobei das Eine natürlich auch in das Andere übergehen kann, wenn man sich keine Erholung gönnt

*Ich höre immer Skilltasche. Was ist das denn wieder?*

Da man vorher nicht weiß, wann die nächste Hochspannungsphase ansteht, sollte ein Borderliner immer seine Skilltasche mitnehmen. Sie sollte Skills enthalten, die sich schon bewährt haben und verschiedene Spannungsbereiche abdecken. Es gibt kleine, unauffällige Skills, die viele Borderliner in der Hosentasche tragen. Andere passen in die Handtasche, in das Handschuhfach des Autos, in die Einkaufstasche – eben überallhin, wo man sie vermutlich braucht. Die schnelle Verfügbarkeit ist ein wichtiger Faktor für erfolgreiches Skillen. Jeder Mensch mit BPS sollte seine Frühwarnzeichen kennen. Es wäre auch hilfreich, wenn Sie als Angehöriger auch über dieses Wissen verfügen. Dann könnten Sie dem Betroffenen auch besser zur Seite stehen. Bitte besprechen Sie das in Ruhe und keinesfalls in einer Hochstressphase mit ihm. Viele Angehörige bemerken erst, dass der Borderliner unter Spannung steht, wer er anfängt zu skillen. Leider verwechseln manche hier die Ursache und die Reaktion.

Ein Beispiel?

Ann Christin geht gelegentlich mit ihrer Mutter in die Sauna. Doch es fällt ihr zunehmend schwerer. Schon im Vorfeld steigt ihre Spannung und sie geht nur mit, um ihre Mutter nicht zu enttäuschen. Während die Mutter die Ruhe und Wärme genießt, holt Ann Christin ihren kleinen Skill hervor. Doch statt das die Mutter sich freut, dass ihre Tochter aktiv darangeht ihre Spannung zu regulieren, fragt sie, ob das denn wirklich sein müsse und ob es nicht ohne gehen würde. Dadurch wird die Tochter noch zusätzlich unter Druck gesetzt, so dass sie bald gar nicht mehr mit der Mutter unterwegs sein will. Was ist geschehen? Die Mutter erkennt erst am Skilleinsatz, dass Ann Christin unter Spannung steht. Es tut ihr in der Seele weh, mit anzusehen, dass ihre Tochter leidet. Die Frage *muss das sein?* bedeutet eigentlich: *Geht es dir wieder nicht gut? Kann ich dir irgendwie helfen?* Allerdings, so wie sie gefragt hat, kommt es bei ihrer Tochter als Vorwurf an. Wenn ein Borderliner Skills einsetzt, ist er schon dabei, seine Spannung zu regulieren. Das erfordert keinen weiteren Kommentar! Nehmen Sie es als Tatsache, dass ihr Angehöriger immer wieder unter hoher Spannung leidet und nehmen Sie es als Tatsache, dass dagegen nur der Einsatz von Skills hilft. Führen Sie ihr Gespräch fort oder was immer Sie gerade tun. Wenn Sie merken, dass Ihr Angehöriger immer heftiger Skills einsetzt oder trotz allem unruhiger wird, fragen Sie am besten einfach nach: *Kann ich dir irgendwie helfen? Möchtest du vielleicht an die frische Luft? Oder möchtest du lieber deine Ruhe haben?* Eine solche Frage ist eine gute Validierung, sie zeigt, dass Sie die Not Ihres Angehörigen gesehen haben und gerne helfen möchten. Die Frage, die Ann Christins Mutter in der Sauna stellte: „Muss das sein?" kam dagegen als echte Invalidierung an. Sie signalisiert der Tochter: Dein Verhalten ist nicht ok. Dabei ist es für Borderliner enorm wichtig, auf den Rückhalt ihrer Lieben vertrauen zu können.

So wie die Feuerwehr die nötigen Handgriffe in Ruhe und ohne brennendem Haus übt, sollte man Skills auch in Ruhe ausprobieren, damit man sie im Spannungszustand parat hat. Am Besten übt man gleich eine Skillkette ein. Als Skillkette bezeichnet man eine Hintereinanderschaltung von drei bis fünf Skills, die mit Hochstressskills beginnt und mit Gedankenskills endet. Vielleicht lassen Sie sich die Skillkette Ihres Angehörigen mal in Ruhe erklären bzw. zeigen. Und wenn er einverstanden ist, könnten Sie dann in „spannenden" Situationen gezielt Hilfe anbieten. Wie wär´s?

Die verschiedenen Spannungsbereiche brauchen verschiedene Arten von Skills. Im Hochstressbereich ist logisches Denken nicht möglich. Dagegen signalisiert der Körper auf allen Kanälen Hochspannung. Z.B. steigt der Blutdruck, der Puls geht schneller – der Körper bereitet sich vor, entweder zu kämpfen oder zu fliehen. Kämpfen oder fliehen sind i.d.R. nicht die angemessenen Reaktionen, es sei denn, Sie heißen Klitschko. Stattdessen kann man die Bereitschaft des Körpers umlenken in sozial besser verträgliche Bewegung. Wenn Sie zum Beispiel rasch die Treppen hochlaufen, wird Ihre Energie gefahrlos in Bewegung umgesetzt. Die Vitalparameter passen wieder zur Situation: Es ist normal, dass durch Treppenlaufen der Blutdruck und der Puls steigt. Genauso gut wirkt auch jede andere Art von körperlicher Betätigung z.B. Liegestütze oder Liegestütze an der Wand, Kniebeugen, rennen, Heimtrainer (weitere Beispiele finden Sie in der Skillssammlung). Umso höher die Spannung ist, umso flotter und kräftezehrender sollte die Bewegung sein. Ausdauersport ist eher was für den mittleren Spannungsbereich.

Man kann im Grunde genommen über jede Form der Sinneswahrnehmung skillen: Über Riechen, Schmecken, Fühlen, Temperaturwahrnehmung, Hören und Fühlen. Die Intensität entscheidet darüber, in welchem Bereich es am besten wirksam ist. Natürlich ist jeder Mensch auch unterschiedlich, deswegen ist es sehr wichtig, dass man ganz persönliche Skills findet.

Im Hochstress können also die weiter oben besprochenen „Süßigkeiten" einen guten Impuls geben, um die Spannung zu regulieren. Oder der Betroffene kann an Ammoniak schnuppern. **Reines Ammoniak kann allerdings den Atemwegen schaden, wenn zu viel davon eingeatmet wird. Und da die Wahrnehmungsfähigkeit des Borderliners im Hochstress stark gedrosselt ist, bemerkt er unter Umständen nicht einmal, dass er sich schädigt.** Deswegen bevorzuge ich den Einsatz von vorgefertigten Riechampullen. Ich habe z.B. immer ein paar „Ammola Riechstäbchen" in meiner Skilltasche. Sie enthalten eine kleine Menge Ammoniak in Kombination mit Lavendel. Es sind kleine Ampullen, umhüllt von einem Gewebe. Die Ampulle wird geköpft und verkehrt herum gehalten. Dadurch zieht die Flüssigkeit ins Gewebe. Nun kann man daran schnuppern, bis nach kurzer Zeit alles wieder verflogen ist.

Zu dem Bereich „Fühlen" gehören auch Temperaturreize z.B. kann man sich ein Coldpack an den Hinterkopf halten, die Hände oder Füße unter kaltes Wasser halten, Eiswürfel lutschen oder in der Hand schmelzen lassen. Man kann barfuß laufen, im Winter auch gerne im Schnee. Nur: **Sie müssen immer aufpassen, dass es nicht übertrieben wird und es doch Schäden gibt. Auch mit einem Coldpack kann man sich Erfrierungen zufügen.** Deswegen muss jede Form von Kälte in ein Tuch oder ein Papiertuch eingeschlagen werden.

Fühlen kann man natürlich auch das vielgenannte Gummiband, dass man am Handgelenk schnacken lässt, Steine im Schuh, Igelbälle, Massageringe, Handtrainer, Therapieknete etc. Im Bereich „Hören" hilft es manchen Borderlinern, wenn sie laute, knackende Geräusche hören z.B. von diesem Blechspielzeug, das wir als Kinder „Knackfrosch" nannten. In Training von Haustieren verwendet man etwas Ähnliches zum „Klickertraining". Außerdem gibt es natürlich das Riesenangebot an Musik. Wichtig ist, dass man vorher schon aussucht, welche Musik bei welcher Stimmung hilfreich ist. Ist man gerade richtig wütend, kann es hilfreich sein, zu Heavy - metal zu tanzen – aber auf keinen Fall ist es hilfreich, wenn man wütend ist, diese Musik beim Autofahren zu hören….

Überhaupt: Wer beim Autofahren in Hochstress gerät, sollte unbedingt anhalten und skillen! Hochstress gilt im Falle eines Unfalls nicht als mildernder Umstand!

Im Bereich „Sehen" sind die Skills im Hochstressbereich nicht so eindeutig. Wenn Ihr Angehöriger z.B. Photobände mag, kann das sehr hilfreich sein. Photos von der Familie, den Haustieren, dem Motorrad oder dem Lieblingsort, können helfen den Betroffenen zurück in die Wirklichkeit zu holen. Humor ist eine wichtige Ressource: Mir helfen z.B. Bücher mit Cartoons von Uli Stein oder meine Sammlung von Postkarten mit „dummen" Sprüchen.

Im mittleren Spannungsbereich brauchen auch die Skills nicht ganz so stark sein. Ausdauersport ist eine gute Methode, die Spannung im grünen Bereich zu halten. Bewegung an der frischen Luft wirkt sicherlich mehrfach positiv. Aber für unsere Zwecke gehen auch Heimtrainer und Stepper. Vielleicht können Sie Ihrem Angehörigen helfen, indem Sie auch regelmäßig trainieren. Gemeinsam klappt der Kampf gegen den inneren Schweinehund besser. Benutzen Sie wann immer es geht die Treppe und nicht den Fahrstuhl. Körperliche Betätigung verhält sich zu Krisen eines psychisch Kranken wie Zähneputzen zu Karies. Es ist ein wesentlicher Faktor in der Vorbeugung – aber nicht der einzige.

Auch im mittleren Spannungsbereich helfen Skills aus den oben aufgeführten Bereichen. Das Coldpack an den Hinterkopf gehalten, wirkt auch hier wahre Wunder. Igelbälle, Massageringe, Gummibänder am Handgelenk, Düfte, Musik, Bewegung, Bücher bzw. Photos – alles kann hilfreich sein.

Es macht auch Sinn, Skills öfter mal auszutauschen. Wenn man sich zu sehr an etwas gewöhnt, lässt die Wirkung meistens nach. So auch hier.

Wenn Sie anfangen, sich mit Skills zu befassen, werden Sie an den merkwürdigsten Stellen neue Skills finden. Mein letzter erfolgreicher

Skillkauf war in der Haustierabteilung eines Baumarktes. Es waren verschiedene kleine Katzenbälle. Vielleicht bringen Sie Ihrem Angehörigen (statt Blumen) öfter mal einen neuen Skill mit?! Ich bin sicher, dass Sie große Freude auslösen.

Ein Beispiel für eine Skillkette?
1. Situation verlassen
2. Treppe laufen
3. Hände unter kaltes Wasser
4. Scharfes Chiliweingummi
5. Gedankenskill: von 100 immer 7 abziehen


Noch ein Beispiel für eine Skillkette?
1. Imaginärer Stuhl und scharfes Weingummi
2. Cold pack an den Hinterkopf
3. Gedankenskill: 5 Tiere mit A am Anfang, 4 Pflanzen mit B, 3 Autos mit C
4. Therapieknete

Noch ein Beispiel?
1. Knackende Geräusche (Klicker) am Ohr
2. Ammoniakampulle
3. Kniebeugen
4. Coldpack
5. Handtrainer

Das ließe sich jetzt beliebig so weiterführen. Gemeinsam ist allen diesen Skillketten, dass sie mit starken Reizen beginnen und mit ruhigeren Skills enden. Es ist immer leichter, wenn man frühzeitig beginnt zu skillen, als erst im extremen Hochstress herum zu probieren.

# Skillssammlung

Schmecken

Vitaminbrausetablette lutschen

Center schock (sehr saures Kaugummi)

Brause Brocken

Ahoi Brause

Chili Weingummi

Chili Schoten      Schärfe lässt sich steigern durch das Trinken von Wasser, gemildert wird Schärfe durch das Kauen von Brot.

Weinende Himbeere (sehr scharfes Bonbon)

Fishermans friend

Eiswürfel

Kratzeis

Apothekerlakritz mit Salmiak oder Pfeffer etc.

Tobascosoße

Riechen

Ammoniak Riechampullen

Tiger balsam

Wickstift

Erkältungsbalsam

Lavendelauflage

Persönliche Mischung ätherischer Öle

Lieblingsparfüm

Duft des Lieblingsmenschen (Rasierwasser, Parfum, Kleidung)

Fühlen

Coldpack (in den Nacken oder an den Hinterkopf)

Eiswürfel

Kalte Dusche

Handgelenke oder Füße kalt abbrausen

Igelball

Massageroller

Massagering, Massagearmband

Katzenspielzeug z.B. Katzenbälle

Knete

Steinchen im Schuh

Barfuß laufen auf verschiedenen Untergründen, bei verschiedenen Temperaturen

Handschmeichler

Hören

Knackfrosch / Klicker

Musik

Naturgeräusche

Entspannungs CD

Meditations CD

Selbst musizieren

Lieblingsmusik

Bewegungsskills

Laufen im Haus oder draußen

Stepper

Heimtrainer

Liegestütze

Liegestütze an der Wand

Imaginärer Stuhl (sich mit dem Rücken an die Wand lehnen und dann runterrutschen, bist die Beine einen rechten Winkel bilden)

Kniebeugen

Treppenlaufen

Theraband

Handtuch verknoten und aufs Bett schlagen

Auf das Bett schlagen

Ein Blatt Papier so oft wie möglich falten

Ein Blatt Papier in der Mitte zerreißen, aufeinanderlegen, wieder zerreißen, so oft es geht

Gedankenskills

Von 100 immer 7 abziehen

Großes Einmaleins

Fünf Wörter mit nf am Ende

Wörterkette: z.B. Haustür – Türschloss – Schlossgeist – Geisterstunde......

Wortkette: z.B. mit Tieren: Ese<u>l</u> – <u>L</u>eopa<u>rd</u> – <u>D</u>romeda<u>r</u> – <u>R</u>att<u>e</u> – <u>E</u>........

5 – 4 – 3 – 2 – 1: 5 blaue Dinge, 4 rote Dinge, 3 grüne Dinge, 2 orange Dinge, 1 durchsichtiges

Stadt, Land, Fluss


Spezielle Skills

Fotos: von der Familie, Kinder, Partner, Freund oder Haustieren

Musik: Lieblingsmusik, Musik zum flotten Tanzen, Musik zum Mitsingen, Meditationsmusik

Telefonieren mit Partner, Freund, Freundin, Coach

Lesen

Handyspiele

Sudoku

Kuscheltier

Lieblingskleidung

Kleidungsstück vom Lieblingsmenschen

Aufräumen bzw. Entrümpeln von „Kürmelecken"

# Wenn ich ahne oder weiß, dass mein Angehöriger sich selbst verletzt

Ein Beispiel?

Im Mai 2003 hatte die Tochter von Sabine mit 14 Jahren ihren ersten Suizidversuch unternommen. Seitdem fuhren sie regelmäßig zum Kinder- und Jugendpsychotherapeuten. Zu den Sitzungen ging Anna, die Tochter, allein, während die Mutter im Auto wartete. Sabine konnte gut verstehen, dass Anna in diesem Alter und in dieser Situation, alleine mit dem Therapeuten sprechen wollte. Und obwohl es der Mutter schwer fiel, schaffte sie es, auch nach der Therapie die Tochter nicht auszufragen. Sie signalisierte Bereitschaft zuzuhören und manchmal erzählte Anna auch etwas. Im September erschien die Tochter nach der Sitzung recht angespannt. Auf der Fahrt nach Hause sagte sie plötzlich: *Mama, fahr mal rechts ran!*

*Jetzt sofort? Ist dir schlecht?*

*Fahr mal bitte rechts ran. Jetzt!*

Sabine war sofort in Alarmbereitschaft, als sie den Wagen anhielt und den Motor ausstellte. Da schob Anna den linken Jackenärmel hoch und zum Vorschein kam eine fast 5 cm lange klaffende Wunde am Unterarm.

*Der Psychologe meinte es wäre meine Entscheidung, aber es wäre wohl nicht schlecht, wenn ich es dir zeige.*

Was sollte Sabine jetzt tun? Als gelernte Krankenschwester sah sie sofort, dass es eine sehr tiefe Wunde war, die eigentlich chirurgisch versorgt werden musste. Sie hatte natürlich viele Fragen an Anna, beschränkte sich jetzt aber erst mal auf die Frage der Wundversorgung. Auf dem Nachhauseweg würden sie noch an einem Krankenhaus vorbeikommen. Sie sagte Anna, dass sie direkt dorthin fahren würden.

Zehn Minuten später saßen die Beiden zum ersten Mal wegen einer selbst zugefügten Verletzung in einer chirurgischen Ambulanz. Es sollten noch viele weitere Male folgen.

Die Chirurgin kam und warf einen Blick auf die Wunde. *Wie ist das passiert?*

*Ich habe mich geschnitten.*

*Absichtlich?*

*Ja.*

*Hast du wenigstens ein sauberes Messer genommen oder Mutters Fleischmesser das noch schmutzig war?*

*Ein sauberes Messer.*

An die Mutter gewandt *Waren Sie schon bei einem Psychiater?*

*Ja, wir kommen gerade vom Therapeuten.*

Dann erhielt die Ambulanzschwester den Auftrag, eine Schüssel mit Desinfektionsbad herzurichten, in dem Anna ihren Arm mit der Verletzung einweichen sollte. Währenddessen kamen immer neue Menschen in den Ambulanzraum: Medizinstudenten, Krankenpflegeschüler, Schwestern von anderen Stationen. Sie alle kamen, um sich das „bekloppte Mädchen" anzusehen, das sich selbst so schwer verletzt hat.

Instinktiv fing Sabine an, ihre Tochter gegen alle diese Gaffer zu beschützen. Verbal errichtete sei einen Schutzwall um ihr Kind. Dumme Sprüche wurden abgeschmettert und ließen verblüffte Mitarbeiter zurück.

Nach dem Desinfektionsbad wurde ein Verband angelegt. Da die Wunde schon zu alt war, war es nicht mehr möglich, sie zu nähen oder zu kleben. Das hätte Sabine auch zu Hause machen können.

Ihre Hilflosigkeit war dem Gefühl gewichen, ihre Tochter *gegen* die Ärzte und Schwestern beschützen zu müssen. Statt Hilfe und Entlastung waren noch weitere Anforderungen an die Mutter dazu gekommen. Niemand konnte oder wollte Sabine erklären, wie es dazu kam, dass die Tochter sich selbst verletzte oder was sie als Mutter dagegen tun könnte. Im Jahr 2005 war Selbstverletzendes Verhalten (SVV) noch nicht so bekannt. Es war nicht so einfach möglich, Informationen zu dem Thema zu bekommen, und Annas Psychologe berief sich auf die Schweigepflicht und weigerte sich mit der Mutter zu sprechen. Nicht einmal allgemeine Informationen wollte oder konnte er ihr geben. Sabine hatte zunehmend den Eindruck, dass der Therapeut selbst überfordert war und sich hinter der Schweigepflicht nur versteckte. Und dieses war nur der Erste von einer Vielzahl Therapeuten, die selber ratlos waren.

Jetzt ist das Jahr 2015. Die Informationsmöglichkeiten sind zum Glück viel besser geworden und auch der Wissensstand ist bei manchen Mitarbeitern des Gesundheitswesens gestiegen. Ich sage bewusst *bei manchen*, denn wohl kaum eine psychiatrische Erkrankung ruft so viel Hilflosigkeit und Unsicherheit hervor, wie die BPS. Bis heute ist die Dialektisch Behaviorale Therapie (DBT) die einzige wirklich wirksame Therapie dieser Erkrankung. Doch leider ist die DBT nicht Bestandteil der Ausbildung des medizinischen Personals der Psychiatrie. Von anderen Abteilungen ganz zu schweigen. Es gibt einige wenige Fachabteilungen, die sich auf diese Therapieform spezialisiert haben. Und manchmal gibt es engagierte Mitarbeiter in der allgemeinen Psychiatrie, die die Weiterbildung in DBT absolvieren. Das sind die rühmlichen Ausnahmen.

Die Wahrscheinlichkeit, direkt auf Mitarbeiter mit Fachwissen über SVV zu treffen, wenn sich ihr Angehöriger verletzt hat ist also sehr gering. Deshalb möchte ich Ihnen nachfolgend ein paar Hinweise für den Fall der Selbstverletzung geben.

Ein Mensch mit BPS verletzt sich, um irgendwie mit diesen unerträglichen Spannungszuständen umzugehen.

Ihr Angehöriger ist noch der gleiche Mensch. Nur weil Sie jetzt von dem SVV wissen, ist er nicht plötzlich ein Anderer.

Der Betroffene verletzt sich i.d.R. nicht, um Ihnen etwas anzutun! Der Betroffene macht sich häufig genug Selbstvorwürfe und hält sich für einen Versager. Also machen Sie ihm bitte keine Vorwürfe.

Sie müssen und sollten SVV nicht ignorieren. Sie sollten es aber auch nicht dramatisieren.

Manchmal wird behauptet, dass man SVV ignorieren muss, ähnlich, wie man ignorieren soll, wenn Kindergartenkinder Schimpfwörter ausprobieren. Da es bei der Selbstverletzung um den Abbau von Spannung geht, wird dieses Verhalten nicht verstärkt, wenn man normal damit umgeht.

„Normal" geht man damit um, wenn man nach der Schwere der Verletzung schaut, und entsprechende Maßnahmen ergreift. Muss die Wunde genäht oder geklebt werden, muss man einen Chirurgen aufsuchen. Ansonsten wird die Wunde desinfiziert und verbunden. Überlegen Sie, ob der Verletzte noch einen ausreichenden Impfschutz hat. Ansonsten bitte auffrischen lassen.

Sie dürfen ruhig Ihre Betroffenheit und Sorge zeigen. Es ist nie schön, wenn jemand verletzt wird. Dabei ist es egal, ob die Ursache ein Unfall oder SVV ist.

Sie dürfen auch nachfragen: *Wie geht es dir jetzt? Kann ich etwas für dich tun? Besteht die Gefahr, dass du dich heute noch mal verletzt oder vielleicht sogar etwas Schlimmeres antust?* Wenn der Betroffene dies nicht ausschließen kann, sollten Sie zusammen in die Klinik fahren. Es wäre wünschenswert, dass die Entscheidung für das Krankenhaus gemeinsam getroffen wird. Sagen Sie Ihrem Angehörigen, dass Sie Angst um ihn haben. Schlagen Sie vor, ein Gespräch mit dem diensthabenden Arzt zu führen. Vielleicht kann er bei der Klärung der Gedanken helfen und Sie können beruhigt mit Ihrem Angehörigen nach Hause fahren. Es könnte aber auch sein, dass der Betroffene zu seiner eigenen Sicherheit erst mal im Krankenhaus bleiben soll. Das muss nicht zwangsläufig ein langer Klinikaufenthalt werden. Manchmal reichen schon 24 Stunden, um genug Abstand zu bekommen.

Sollte Ihr Angehöriger Suizidgedanken ausschließen können, aber immer noch unter hohem Druck stehen, wäre es gut gemeinsam zu überlegen, wie sich die Spannung gefahrlos abbauen lässt.

Versuchen Sie in dieser Situation nicht, Probleme durch Reden zu lösen! Das bringt jetzt nichts, außer Frust.

Wenn der Betroffene schon DBT Erfahrung hat, kennt er auch schon ein paar Skills, die helfen können. Trotzdem kommt er da möglicherweise im Moment nicht dran. Wie schon gesagt, unter Hochstress ist kein logisches Denken möglich.

Skills haben in diesem Buch noch ein eigenes Kapitel. Hier nur mal etwas zur ersten Hilfe.

Die unterschiedlichen Spannungsbereiche erfordern verschiedene Arten von Skills. Im Hochstressbereich kann Bewegung helfen, Spannung abzubauen. Was für Möglichkeiten haben Sie? Heimtrainer, draußen laufen oder rasches spazieren gehen, Treppen laufen, Liegestütze an der Wand, Kniebeugen usw. Wenn Bewegung nicht möglich ist oder abgelehnt wird, gibt es auch andere starke Reize, die im Hochstress helfen. Z.B. starke Kältereize. Das kann ein Coldpack sein, dass der Betroffene sich an den Hinterkopf hält, oder Eiswürfel in den Mund nehmen, unter die nackten Füße oder in der Hand schmelzen lassen. Im Winter kann man auch gut mal ohne Jacke in die Kälte gehen oder sogar barfuß durch den Schnee laufen. Es können aber auch andere starke Sinnesreize sein, wie z.B. scharfe Chili kauen, bzw.

Chili Weingummi, scharfen Lakritz, saure Kaugummi, wie z.B. Center shock oder über den Geruchssinn, indem der Betroffene an Ammoniak schnuppert. Bei purem Ammoniak besteht die Gefahr, die Atemwege zu schädigen, wenn es zu viel eingeatmet wird. Da sind fertige Riechampullen sicherer in der Handhabung. Ich habe z.B. immer ein paar „Ammola Riechstäbchen" in meiner Skilltasche. Sie enthalten eine kleine Menge Ammoniak in Kombination mit Lavendel. Es sind kleine Ampullen, umhüllt von einem Gewebe. Die Ampulle wird geköpft und verkehrt herum gehalten. Dadurch zieht die Flüssigkeit ins Gewebe. Nun kann man daran schnuppern, bis nach kurzer Zeit alles wieder verflogen ist.

Vorsicht: Die oben aufgeführten Skills sind wirklich stark! Wer nicht unter so einem hohen Stress steht, wie ein Borderliner, wird sie schwer ertragen können. Also bei Selbstversuchen bitte immer nur gaaaanz wenig probieren.

Vorsicht: Borderliner im Hochstress nehmen selbst stärkste Reize manchmal nicht wahr. So kann es versehentlich zu Erfrierungen oder Verätzungen kommen, die erst nach dem Ende des Hochstresses wahrgenommen werden.

Wenn die Spannung nicht mehr extrem hoch ist, können andere Skills eingesetzt werden. Hände oder Füße unter kaltes Wasser halten, barfuß laufen, Igelbälle, therapeutische Knete, Handtrainer, aber auch positive Reize, die schöne Erinnerungen und Gefühle beschwören: z.B. ätherische Öle, Lieblingsduft, Duft des Lieblingsmenschen, schöne Musik, lustige Bücher (in solchen Situationen liebe ich z.B. Bücher von Uli Stein).

Auch Gedankenspiele („Hirn flik flak") können jetzt eingesetzt werden. Z.B. Einmaleins Reihen, Wörterketten o.ä.

Falls es Ihnen nicht gelingt, Ihrem Angehörigen zu helfen, machen Sie sich bloß keine Vorwürfe! Selbst geübte Therapeuten und Betroffene kommen manchmal nicht dagegen an! Manchmal ist das eben so.

Da müssen Sie jetzt einen Skill für sich selbst einsetzen. Dieser Skill heißt: radikale Akzeptanz! Sie müssen jetzt nicht nur akzeptieren, dass es eine sehr schwierige Situation ist, die Sie nicht beeinflussen können und deswegen ertragen müssen, sondern Sie müssen auch akzeptieren, dass es bei Ihnen ungute Gefühle verursacht.

Das ist jetzt leider so!

Und doch denke ich, dass Ihr Angehöriger Ihre Bemühungen zu schätzen weiß!

Falls es zu einer Verletzung gekommen ist, Wunde beurteilen und entsprechend versorgen.

Nach einer überstandenen Hochstressphase ist der Betroffene häufig erschöpft. Sie wahrscheinlich auch. Tun Sie sich jetzt unbedingt etwas Gutes. Ruhen Sie sich aus, trinken Sie Tee oder Kaffee und hören sie entspannende Musik. Sie haben auch hart gearbeitet und sollten jetzt unbedingt an sich selbst denken.

# Trauma und PTBS

Das medizinische Klassifikationssystem ICD-10 und die zugehörigen diagnostischen Anleitungen beschreiben das Traumakriterium als:

„[...] ein belastendes Ereignis oder eine Situation kürzerer oder längerer Dauer, mit außergewöhnlicher Bedrohung oder katastrophenartigem Ausmaß, die bei fast jedem eine tiefe Verzweiflung hervorrufen würde (ICD-10) (z.B. Naturkatastrophe oder menschlich verursachtes schweres Unheil – man-made disaster – Kampfeinsatz, schwerer Unfall, Beobachtung des gewaltsamen Todes Anderer oder Opfersein von Folter, Terrorismus, Vergewaltigung oder anderen Verbrechen)."

Wenn solche Ereignisse bei fast jedem eine tiefe Verzweiflung hervorrufen, warum können manche Menschen besser damit leben als andere und warum bleiben bei manchen Betroffenen schwere Beeinträchtigungen zurück?

Wenn der Betroffene die Erfahrung macht, dass zwar etwas Schreckliches passiert ist, aber er bestmögliche Hilfe erhält, kann er i.d.R. das Geschehene besser verarbeiten, als Betroffene, die sich während und nach dem Ereignis überfordert, hoffnungslos oder ausgeliefert fühlten.

Ca. 75 bis 80 Prozent der Menschen mit einer BPS haben Erfahrungen gemacht, die sie als traumatisch erlebten. Wenn wir berücksichtigen, dass diese Menschen von der Veranlagung her sehr sensibel sind, und dass sie zumeist in einem invalidierendem Umfeld aufwachsen, wird klar, dass solche Ereignisse an ihnen nicht spurlos vorübergehen. Durch die fortgesetzten Invalidierungen fühlen sie sich ohnehin, als ob sie „falsch" wären. Evtl. haben sie sogar das Gefühl, dieses traumatische Ereignis selbst verschuldet zu haben bzw. es zu verdienen. Sie erfahren keine Hilfe von Eltern oder anderen Bezugspersonen. Sie können das Erlebte nicht verarbeiten und ad acta legen. So werden viele von ihnen heimgesucht von wiederkehrenden angstbesetzten Erinnerungen, die auch als *flashbacks* bezeichnet werden. Dazu kommen noch andere Symptome wie Schlafstörungen, Alpträume, meiden von Situationen, die irgendwelche Ähnlichkeiten zu dem Erlebten haben uvm. In vielen Fällen handelt es sich dann um eine Posttraumatischen Belastungsstörung (PTBS).

Alle Menschen haben ein Grundbedürfnis nach Sicherheit und Verlässlichkeit. Nur wenn Kinder in ihrer Entwicklung die Erfahrung machen, das die Welt ein sicherer Platz ist und die meisten Leute wohlmeinend sind, können sie Widerstandskraft gegen die Unwägbarkeiten des Lebens bilden.

Doch bei den Kindern, die später eine BPS ausbilden, wird dieses Grundbedürfnis oft nicht gestillt. Sie müssen ständig um ihren Platz im Leben bangen. So kommt es, dass die meisten Betroffenen ihre Umwelt als chaotisch, unberechenbar und bedrohlich empfinden. Da sie in ihrer Familie immer invalidiert wurden, haben sie oft das Gefühl, selbst ursächlich verantwortlich zu sein für das Unglück, das ihnen widerfährt. Sie fühlen sich schuldig und sind doch Opfer. Häufig setzt der Täter Strategien ein, um das Opfer zum Schweigen zu verpflichten. Mancher spricht von „wahrer Liebe" und trifft natürlich einen Nerv bei dem späteren Borderliner. Da die meisten Betroffenen sich ihrer selbst nicht sicher sind, und im Elternhaus nicht die Sicherheit und Liebe erfahren, die sie bräuchten, lassen sie sich täuschen. Man weiß mittlerweile, dass gerade diese Opfer von sexueller Gewalt es am schwersten haben, weil sie sich in einer Zwickmühle befinden: Sie können nicht „einfach" wütend sein auf den Täter, weil er ja angeblich nur „das Beste" will.

Andere Täter bedrohen das Opfer mit übler Nachrede.

Ein Beispiel?

Mit dem Beginn meines 12. Lebensjahres musste ich zu einem anderen Klavierlehrer wechseln. Angeblich war er kompetenter und konnte mich besser fördern, als mein bisheriger Lehrer. Sein Interesse galt aber nicht vorrangig der Musik: Er nutzte jede Stunde um mich unsittlich zu berühren. Das war der Grund, warum ich unbedingt sofort einen BH haben wollte. Das irritierte den Lehrer aber nur für ca. 10 Sekunden. Dann machte er weiter wie bisher. Ich bat meine Eltern inständig, mit dem Klavierunterricht aufhören zu dürfen. Den wahren Grund traute ich mich nicht zu nennen. Aber der Lehrer ging getreu dem Motto: Angriff ist die beste Verteidigung, auf meine Eltern zu und erklärte, ich sei im Unterricht immer frech und aufmüpfig. Außerdem würde ich nicht gut mitarbeiten etc. Meine Eltern glaubten ihm natürlich und bestraften mich.

Leider wurde ich später nochmals Opfer sexueller Gewalt. Diesmal kam der Täter sogar aus der Familie. Auch hier konnte ich keine Hilfe von meinen Eltern erwarten. Als ich mich an meine bereits erwachsene Schwester wandte, meinte sie nur, ich hätte mir alles eingebildet und ich solle nicht „solche Sachen" über einen unbescholtenen Familienvater sagen. So blieb ich über mehrere Jahre das Opfer. Irgendwann hatte meine Mutter wohl einen Verdacht. Aber was war ihre Reaktion? Sie nannte mich eine Hure! Selbst als ich nach vielen Jahren meiner Mutter erklärte, warum ich so krank geworden bin, begann sie sofort wieder die Tatsachen zu verdrehen. Sie beharrt jetzt darauf, dass ich den Täter zu einem „Seitensprung" verführt hätte. Da ich noch ein Kind war, ist das mehr als absurd. Wenn sie die Wahrheit annehmen würde, müsste sie sich aber auch damit auseinandersetzen, ob sie mich genug beschützt hat. Besser, man schreibt die Schuld wieder dem altbekannten Sündenbock zu.

Ich habe den Kontakt zu meiner Mutter abgebrochen. Natürlich hat die Offenlegung dieses Verbrechens die Familie in zwei Lager gespalten. Die Ignoranten und Tatsachenverdreher sitzen auch weiterhin mit dem Kinderschänder am Tisch und die Anderen haben ihre Konsequenzen gezogen und den Kontakt abgebrochen. Dafür haben wir jetzt eine ehrliche und offene Beziehung. Bemerkenswert finde ich, dass meine Brüder sofort geschlossen zu mir standen, während die Frauen der Familie offenbar unter selektivem Gedächtnisschwund leiden.

Häufig kommen die Täter aus der eigenen Familie oder dem Freundes- oder Bekanntenkreis. Mitunter besteht in irgendeiner Form eine Abhängigkeit des Opfers vom Täter z.B. wenn der Täter Lehrer, Erzieher oder Pfarrer ist.

Vielen Borderlinern ist es ähnlich wie mir ergangen. Möglicherweise begünstigt diese negative Körpererfahrung auch das Selbstverletzende Verhalten. Schließlich war dieser Körper der Grund für langes schweres Leid. Auch empfinden Opfer von sexueller Gewalt ihren Körper als beschmutzt und lehnen ihn deswegen ab.

Es versteht sich fast von selbst, dass Opfer von sexueller Gewalt auch häufig Probleme mit ihrer eigenen Sexualität haben. Wer etwas Traumatisches erlebt hat, möchte ähnliche Situationen gerne vermeiden. Wenn die Sexualpartner offen miteinander umgehen, können sie vielleicht einen Weg finden, Ähnlichkeiten zu verhindern und doch noch zu einem erfüllenden Sexualleben finden. Aber nicht jeder kann darüber reden. Viele Borderlinefrauen „ertragen es" nur ihrem Partner zuliebe.

Und so gibt es wieder einen Bereich, in dem sich Borderliner unzulänglich fühlen. Wieder einmal sind sie „irgendwie verkehrt".

Wenn ein Mensch an einem Trauma leidet, sollte er sich professionelle Hilfe suchen. Mitunter kann sogar ein stationärer Aufenthalt notwendig werden. Für Borderliner wäre es sinnvoll, erst die DBT zu machen, um besser mit der sehr anstrengenden Traumatherapie zurecht zu kommen.

Was können Sie tun, um den Betroffenen zu unterstützen?

Wichtig ist, dass sie den Borderliner nicht bedrängen!
- Signalisieren Sie, dass Sie keine sexuellen Forderungen stellen, solange ihr Partner nicht dazu bereit ist.

- Bestürmen Sie ihn auch nicht mit indiskreten Fragen über die Therapie. Es geht um ein sehr intimes Thema und kaum ein Mensch plaudert darüber einfach drauf los.

- Natürlich ist es gut und wichtig, dass Sie sich über die Therapie informieren wollen. Aber beschränken Sie sich auf Fragen, wie es dem Borderliner mit der Therapie geht, ob es ihm hilft und ob bzw. wie Sie ihn unterstützen können.

- Schlagen Sie Ihrem Partner vor, dass er Ihnen sagt, was er möchte und was nicht.

- Beziehen Sie Position. Der Betroffene wird unter Umständen den Kontakt zur Herkunftsfamilie abbrechen müssen. Umso wichtiger ist es für ihn, dass Sie zu ihm stehen und ihn unterstützen.

- Holen Sie sich selbst auch Hilfe. Das Leben mit einem Borderliner ist anstrengend. Miterleben zu müssen, wie sehr ein geliebter Mensch leidet, ist schrecklich. Sie haben also jedes Recht, sich auch Hilfe zu suchen. Manche Kliniken bieten Informationen für Angehörige, vielleicht finden Sie auch Ansprechpartner in einer Selbsthilfegruppe. Wenn die Belastung über einen langen Zeitraum anhält, kann es durchaus sinnvoll sein, wenn Sie auch therapeutische Hilfe in Anspruch nehmen.

Wichtig:

Wenn Sie in einem Flugzeug fliegen hören Sie zu Beginn der Reise die Sicherheitshinweise. U.A. hören Sie folgendes: Im Fall eines Druckabfalles in der Kabine fallen Sauerstoffmasken aus der Decke. Ziehen Sie eine zu sich heran und setzen Sie auf. Erst dann helfen Sie anderen Passagieren die jeweilige Maske aufzusetzen! Diese Reihenfolge ist enorm wichtig! Im Flugzeug könnten Sie niemandem mehr helfen, wenn Sie selbst auf Grund von Sauerstoffmangel bewusstlos sind. Ebenso können Sie Ihrem Lieben nicht helfen, wenn Sie selbst am Ende sind!

# Sind Borderliner manipulativ?

Dazu ein ganz klares Jein!

Genau wie alle anderen Menschen versuchen Borderliner ihre Ziele zu erreichen und sie versuchen, auch genau wie alle Anderen, schwierige Situationen zu vermeiden. Das ist aber noch kein Manipulieren. Da sich schwierige Situationen bei Menschen mit BPS noch viel schwieriger anfühlen, als bei gesunden Menschen, fahren Borderliner auch schwerere Geschütze auf, um sich zu entziehen. Diese Strategien sind häufig schon sehr alt. In der Kindheit, als noch keine anderen Möglichkeiten bestanden, haben sie sich entwickelt und sind im Erwachsenenalter oft zu handfestem Problemverhalten geworden.

Häufig braucht es nur einen kleinen Trigger und die ganze Lawine rollt los. Für die Angehörigen entsteht so leicht der Eindruck, dass der Betroffene sich bewusst entzieht, wenn es schwierig wird. Und was schwierig ist bestimmt hierbei auch der Borderliner. Sie als Angehöriger empfinden das häufig gar nicht so schwierig, aber der Lebenslauf der meisten Menschen mit BPS weist ziemlich schwarze Stellen auf.

Bestimmt kennen Sie die „Pawloffschen Hunde"? Pawloff konditionierte Hunde darauf, dass schon beim Klingeln einer Glocke Speichelfluss einsetzte, weil er immer zur Fütterungszeit diese Glocke schlug. Auch wenn es gar kein Futter gab, genügte der Klang der Glocke.

So geht es vielen Borderlinern mit speziellen Triggern. Natürlich setzt kein Speichelfluss ein! Aber im Laufe des Lebens, haben diese Menschen immer wieder negative Erfahrungen gemacht, die zufällig mit irgendeinem äußeren Reiz zusammentrafen. Dieser Reiz wird auch

Trigger genannt. Er setzt dann ein Verhalten in Gang, das nüchtern betrachtet unsinnig und vielleicht auch schädlich ist.

Ein Beispiel?

Barbara dissoziiert häufig. Was ursprünglich nur im Hochstress passierte, geschah in zunehmendem Maße auch im mittleren Stressbereich, wenn Barbara das Gefühl hatte, es könnte für sie schwierig werden. Das führte dazu, dass sich niemand mehr traute, andere Themen als small talk mit ihr zu besprechen. Wenn sie erst in der Dissoziation war, gab es kein Durchkommen mehr und es führte auch häufig zu SVV. Darauf angesprochen, musste sie erstmal erkennen, dass es tatsächlich so ist. Niemand lässt sich gerne sagen, dass er kneift. Aber es war bei ihr ja keine bewusste Entscheidung, also auch kein Kneifen, sondern eine schon längst unbewusst verlaufende klassisch konditionierte Reaktion. Dieses Verhalten hatte schon dazu geführt, dass sie die erste DBT nach nur vier Wochen abbrechen musste, weil es zum einen zu gefährlich war, da sie sich häufig selbst verletzte, zum Anderen konnte sie der Therapie gar nicht folgen, weil sie auf Grund der häufigen Dissoziationen nichts mitbekam.

Hier war besonders tragisch, dass Barbara aufgrund des Problemverhaltens nicht an der Therapie teilnehmen konnte. Aber ohne Therapie konnte sie das Problemverhalten nicht abstellen.

Was kann man tun, wenn man das Gefühl hat, der Borderliner versteckt sich hinter seiner Krankheit?

Sprechen Sie mit dem Betroffenen in Ruhe darüber. Niemals im Hochstress! Und nicht vorwurfsvoll! Bedenken Sie, dass die Reaktion, über die Sie mit ihm sprechen wollen, beim kranken Menschen schneller abläuft, als er denken kann. Es kostet ihn also wahnsinnig viel Kraft, sich dagegen zu stellen.

Also besprechen Sie, was Sie beobachtet haben in Ruhe.

*Kann ich dich mal sprechen? Aber nur, wenn es dir auch gerade gut geht. Ich möchte dich nicht irgendwie belasten.*

*Ja, ist ok. Meine Spannung war bis gerade niedrig. Aber jetzt überlege ich schon, was gleich von dir kommt.*

*Gar nichts Schlimmes. Ich habe nur etwas beobachtet und wollte dich fragen, ob das so stimmt.*

*Was hast du denn beobachtet? Etwas bei mir?*

*Ja genau. Mir ist aufgefallen, dass du ziemlich oft dissoziierst und wir manche Dinge so nie besprechen können.*

*Ich dissoziiere, wenn ich Stress habe. Das mache ich auch nicht extra!*

*Das ist ja auch kein Vorwurf. Ich frage mich nur, ob ich dir helfen kann, das zu vermeiden. Denn du kommst ja so auch nicht weiter.*

*Ich kann das nicht vermeiden. Auf einmal bin ich weg.*

*Was ist denn typisch für dich, wenn du dissoziierst?*

*Ich atme schnell. Meine Hände verkrampfen sich. Ich starre vor mich hin.*

*Mir ist aufgefallen, dass du am Anfang immer mit dem Oberkörper schaukelst.*

*Das habe ich noch gar nicht bemerkt. Aber ich glaube, du hast Recht.*

*Könnten das deine Frühwarnzeichen sein: Schaukeln, schnelle Atmung, Hände verkrampfen und starrer Blick? Wäre das für dich ok, wenn ich mit darauf achte und dich dann aufmerksam mache?*

*Mir fällt das selbst gar nicht mehr auf. Vielleicht wäre das eine gute Idee. Aber ich kann nicht garantieren, dass es klappt.*

Hier kommt sehr schnell die Angst vor Überforderung und Versagen ins Spiel. Wenn das schon häufiger der Anlass für Problemverhalten war, werden Sie evtl. jetzt schon direkt die Frühwarnzeichen zu sehen bekommen. Dann sprechen Sie Ihren Angehörigen darauf an, und schlagen Sie Skills vor oder noch besser: reichen Sie ihm direkt einen Skill. Am Besten aus dem Hochstressbereich: Ammoniakampulle, Eis, scharfes Weingummi und Bewegung. Die Bewegung darf aber nicht mechanisch durchgeführt werden, sonst verstärkt sie die Dissoziation noch. Wenn es nicht klappt, Ihren Angehörigen im Hier und Jetzt zu halten, machen Sie sich und ihm keine Vorwürfe. Dieses Problemverhalten wurde schon unzählige Male geübt. Es ist immer schwerer, einen neuen Weg zu gehen. Aber jeder Zentimeter auf dem neuen Weg ist ein Riesenfortschritt. Der erste Zentimeter ist es, wenn der Betroffene sich das bewusst macht!

Umso öfter Menschen mit einer BPS Erfahrungen in der unspezifischen Psychiatrie machen, umso schwieriger wird es, sie zur Mitarbeit zu bewegen. Und es gibt einige Schlüsselwörter, bei denen fast alle Teammitglieder flott werden:

*Ich bin so hoch in der Spannung*

*Ich kann nicht mehr*

*Ich will nicht mehr*

*Am liebsten würde ich Schluss Machen*

*Ich halte das nicht mehr aus*

*Ich tu mir etwas an usw.*

Alle diese Sätze entsprechen der erlebten Wirklichkeit des Betroffenen. Er kann sich gar nicht vorstellen, wie er das aushalten soll. Und natürlich scheint es manchmal einfacher, Schluss zu machen, als sich mit den Schwierigkeiten auseinander zu setzen. Es ist also keine bewusste Manipulation. Der Betroffene erlebt es wirklich so!

Deswegen nützt es auch nichts zu sagen: *Ich sehe kein Elend. Stell dich nicht so an. So schlimm ist das doch gar nicht.* Und was für Sprüche man selbst schnell auf den Lippen hat, um die Situation zu beschwichtigen. Das sind Invalidierungen in Reinform. Das kennen die meisten Borderliner zur Genüge und reagieren stark darauf.

Der Borderliner ist verzweifelt. Darauf muss man eingehen:

*Du fühlst dich jetzt total überfordert? Du hast gar keine Hoffnung mehr?*

Das nennt man „Validierung".

*Beobachten ohne zu Bewerten – die höchste Form menschlicher Intelligenz!*
*Idu Crishna Murti*

Erst in dem Moment, wo Sie zurückmelden: *Ich sehe dich und deine Not* und nicht als erstes ver – urteilen, ist ein Dialog möglich.

Das Thema Validierung / Invalidierung hat ein Extrakapitel in diesem Buch.

Wenn Sie bemerken, dass der Borderliner sich z.B. überfordert fühlt, bieten Sie direkt auch Skills an. Vielleicht machen Sie gemeinsam eine Skillkette. Im Anschluss daran fragen Sie noch einmal nach der aktuellen Spannung. Ist die Spannung jetzt gesunken, können Sie und der Betroffene zusammen entscheiden, ob Sie sich jetzt noch mal schwierigen Themen zuwenden oder ob man sie vielleicht besser später bearbeitet. Wichtig ist es, anzuerkennen, wenn der Betroffene es geschafft hat Problemverhalten zu vermeiden! Da Borderliner bekanntermaßen schwarz / weiß denken, könnte es sein, dass der Betroffene diesen Erfolg nicht anerkennt, da er ja nur eine Teilaufgabe erledigt hat. In diesem Fall ist es ganz wichtig herauszustellen, dass das Vermeiden von PV oberste Priorität hat und er diese Aufgabe hervorragend bewältigt hat, wenn er auf seine Bedürfnisse und Spannung achtet. Großes Lob!!!

Diese Beispiele sind vielleicht etwas extrem und gehen auch in den therapeutischen Bereich über. Ich wünsche Ihnen und Ihrem Angehörigen, dass Sie gute Therapeuten haben, die Sie unterstützen. Sie sind nicht der Therapeut des Borderliners. Es ist gut, wenn Sie als Angehöriger Bescheid wissen und ihm bei der anstrengenden Therapie zur Seite stehen.

Im Alltag sind andere Situationen viel häufiger. Als ich jetzt dieses Kapitel schrieb, sprach ich mit meiner Tochter darüber. Sie kannte sofort ein Beispiel aus unserem Alltag, das mit gar nicht so bewusst war.

Ein Beispiel aus dem Alltag?

Meine erwachsene Tochter sagte heute zu mir:

*Wenn du im Stress bist oder vielleicht auch nur keine Lust hast z.B. Essen zu machen, dann klapperst du so laut in der Küche rum, bis dass jemand kommt und dir hilft. Und ich weiß dann nie: ist es jetzt wirklich schlimm für Mama oder hat sie nur keine Lust. Ich habe dazu ja auch keine Lust und will dir eigentlich nicht diese lästigen Sachen abnehmen. Aber wenn ich nicht frage, dann habe ich ein schlechtes Gewissen. Ich habe dann das Gefühl, von dir manipuliert und ausgenutzt zu werden.*

Da musste ich dann doch erst mal schlucken: *Mache ich das wirklich so? Und – will ich dann meine Tochter manipulieren?*

Wahrscheinlich hat meine Tochter Recht mit ihrer Beobachtung. Aber dieses Verhalten war mir bis heute nicht bewusst!

Wenn ich Stress habe oder mir z.B. in der Küche etwas nicht gelingt, steigt meine Spannung und ich reagiere zornig. Dann gehe ich schon mal ruppig mit den Küchenutensilien um und mitunter kommentiere ich das Geschehen auch. Der kürzeste Kommentar, den ich schon seit meiner Jugend immer wieder gebe, lautet: *Ach Mann!!!*

Wenn ich ein kompliziertes Rezept nachkoche oder backe, fragt mein Mann manchmal:

*Und? Stecken da viele „Ach Manns" drin?* Wir können dann beide darüber lachen.

Es gibt aber auch Zeiten, in denen ich selbst Alltagstätigkeiten nicht hinbekomme. Zeiten, in denen ich mich überfordert fühle und die Spannung kontinuierlich steigt.

Eigentlich müsste ich dann erst skillen, aber die Zeit steckt mir im Nacken und ich *will* endlich fertig werden. Nur, dass sich die Arbeit nicht nach meinem Willen richtet. Sie ist erledigt, wenn sie fertig ist und nicht vorher. Und das ist vermutlich der Punkt, an dem meine Tochter sich gezwungen sieht, mir die Arbeit abzunehmen.

Wahrscheinlich wäre es für uns beide besser, wenn wir miteinander sprechen und so die Situation klären würden. Ich müsste zugeben, wenn ich es nicht schaffe, oder vielleicht erst Mal skillen muss. Sie sollte keine Angst haben müssen, mich anzusprechen. *Was ist los? Brauchst du wirklich Hilfe oder ist die Arbeit nur nervig? Und was für Hilfe brauchst du? Soll ich mal vorübergehend übernehmen, damit du jetzt erst skillen kannst und du übernimmst danach wieder selbst, oder geht gar nichts mehr?*

Es ist meiner Tochter nicht leichtgefallen, mir das heute so zu sagen. Sie hatte Sorge, ich könne das als Invalidierung auffassen. Es ist auch immer ein schmaler Grat. Doch ich bin froh, dass wir heute in Ruhe darüber gesprochen haben. Ich habe mich nicht invalidiert gefühlt, schließlich hatte ich um ihre ehrliche Meinung zu diesem Kapitel gebeten. Aber ich kann mir vorstellen, dass andere Borderliner oder auch ich in einer schlechteren Verfassung da sehr empfindlich reagieren.

Ich empfehle Ihnen, es mit der gewaltfreien Kommunikation zu versuchen und wenn Sie derlei immer wiederkehrende Situationen haben, diese nicht im Hochstress, sondern in Ruhe zu klären. Beschreiben Sie zunächst, was Sie wahrgenommen haben:

*Manchmal klapperst du ganz laut in der Küche herum und schimpfst vor dich hin. Ich habe dann das Gefühl, dass du voll im Stress bist.*

*Ist mir noch gar nicht aufgefallen. Aber du könntest Recht haben.*

*Ich denke dann immer, du bist extra so laut, damit ich komme und dir die Arbeit abnehme.*

*Ich habe oft Stress in der Küche. Manchmal geht mir dann alles schief und dann würde ich am liebsten alles hinpfeffern und weglaufen. Aber das geht ja auch nicht, denn das Essen muss ja fertig werden. Dann schimpfe ich vor mich hin. Das stimmt schon.*

*Und was soll ich dann machen? Soll ich das dann ignorieren oder brauchst du dann Hilfe?*

*Vielleicht würde es manchmal schon helfen, wenn ich dann mal eine Skillkette machen könnte. Aber ich muss dann ja auf das Essen achten.*

*Soll ich dann mal so lange übernehmen, bis du geskillt hast?*

*Das wäre manchmal gut.*

*Manchmal? Und wie erfahre ich, wann manchmal ist?*

*Indem du mich fragst!*

*Aber ich habe keine Lust, dass du dann auf mich zornig bist!*

*Ich gebe mir Mühe. Bitte mach mir dann keinen Vorwurf, sondern erinnere mich daran, dass du mir ja Hilfe anbietest. Ich muss das selbst erst noch lernen.*

Ich selber muss gestehen, dass ich offensichtlich das Verhalten meiner Mutter in manchen Teilen übernommen habe. Sie erwartete immer, dass ich als Tochter ihre Erwartungen erahne und ungefragt erfülle. Das war natürlich extrem schwierig für mich und ich konnte nur verlieren, denn: Recht machen konnte ich es meiner Mutter nie. Und jetzt stelle ich mit Schrecken fest, dass ich ihre Verhaltensweisen übernommen habe. Schrecklich!!!!!

Ich muss mich unbedingt noch mal bei meiner Tochter für diesen wertvollen Hinweis bedanken!

# Selbstbild

Ein weiterer Aspekt warum Menschen mit einer Borderline-Persönlichkeitsstörung als manipulativ gelten liegt wahrscheinlich daran, dass sie je nach Situation völlig verschieden evtl. sogar komplett gegensätzlich erscheinen können.

Wie kommt es dazu?

Jeder Mensch hat in seinem Leben verschiedene Rollen, die er einnimmt. Z.B. ist Ihre Rolle als Arbeitnehmer eine andere, als die des Vaters oder Hobbykickers. Diese verschiedenen Anteile vereinen wir zu einem Gesamtbild: So bin ich!

Borderliner haben wie jeder Mensch auch verschiedene Rollen und Aufgaben. Doch haben sie kein verlässliches Bild von sich selbst. Ähnlich wie bei einem Kaleidoskop setzen sie die verschiedenen Anteile immer neu zusammen, so dass immer wieder ein anderes Bild entsteht. Häufig in Abhängigkeit davon, wie sie glauben die Erwartungen des Gegenübers zu erfüllen.

Erinnern Sie sich an den Film: Die Braut, die sich nicht traut? In diesem Film richtet sich die Braut immer nach den Vorlieben ihres Verlobten. Z.B. nimmt sie ihr Frühstücksei immer so, wie ihr aktueller Verlobter es auch am liebsten mag. Da sie immer kurz vor der Hochzeit flieht, macht sie das Gleiche mit jedem weiteren Bräutigam wieder. Sie verhält sich wie ein Chamäleon. Nur: wer sie selbst ist und was sie selbst wirklich will, weiß sie nicht.

Da Menschen mit einer BPS häufig schon früh und andauernd invalidiert werden, entwickeln sie das Gefühl, nicht in Ordnung zu sein. Sie strengen sich wahnsinnig an, um die (wirklichen oder angenommenen) Erwartungen ihres Gegenübers zu erfüllen. Immer in der

Hoffnung, so endlich akzeptiert zu werden. Mein Mann bezeichnete es treffend als:

*Sich den Daseinsberechtigungsschein zu verdienen!*

Können Sie sich vorstellen, wie es ist, wenn man sich selbst nicht kennt? Diese innere Leere ist kaum zu ertragen. Darum sind wir Borderliner immer damit beschäftigt, diese Leere zu füllen. Jeden Tag müssen wir uns wieder beweisen, dass wir etwas können, etwas sind und dass wir es wert sind zu leben. Was wir tun machen wir 150 prozentig oder gar nicht. Egal ob es in der Arbeit, beim Sport, im Haushalt oder in der Familienplanung ist. Ja, richtig: auch bei der Familienplanung! Ich kenne Borderline Frauen, die mehr Kinder haben, als sie bewältigen können. Aber auf keinen Fall wollten sie „nur eine durchschnittliche" ein bis zwei Kindfamilie. Auch wenn ein Borderliner etwas erreicht hat, ist das für ihn kein Grund sich auszuruhen. Jeden Tag aufs Neue muss er beweisen, dass er da ist, dass er jemand ist, dass er da sein darf.

Das Leben eines Menschen mit Borderline ist wie das Errichten einer Sandburg direkt am Wasser: Sobald man aufhört zu bauen, zerfällt die Burg. In diesem Vergleich müsste man sagen, dass die Wellen, die immer an der Sandburg nagen, die fortgesetzten Invalidierungen sind, die immer mehr das Selbstbild des Betroffenen zerstören.

Wahrscheinlich kennen Sie von Ihrem Angehörigen auch ein „Getrieben sein". Statt dass der Betroffene einfach mal genießt, was er erreicht hat, überlegt er schon, wie der nächste Schritt auszusehen hat. Auch das ist der Versuch, die Sandburg zu stabilisieren.

Doch kann man ein solches Verhalten *manipulativ* nennen? Ich nenne es:

Einen immerwährenden Überlebenskampf. Und immer habe ich Angst zu versagen.

## Weißt du, wie es sich anfühlt?

Weißt du, wie es sich anfühlt
wenn man sich verliert?
Wenn man auf einmal nicht mehr weiß
warum man hier auf Erden ist?
Wenn nichts mehr Bestand hat
und der Boden unter deinen Füßen zerläuft?
Wenn es kein Gestern und kein Morgen
und erst Recht kein Heute gibt?
Der Schmerz ist unerträglich,
du siehst und hörst und bist doch
mit Nichts und Niemandem verbunden!
Du bist verloren und niemand
kann dir helfen dich wieder zu finden.
Niemand kann in diese endlose Dunkelheit vordringen.
Immer wieder springt dich die Verzweiflung an.
Der Weg zum Leben wird immer schmaler.
Es tut so weh!
Du wünscht dir nur, es möge endlich aufhören.
Doch so lange du lebst wird dich die Welle
immer wieder fortspülen in die Dunkelheit
in das Nichts ohne Halt und ohne Boden.
Halte durch! Vierzig Minuten oder mehr

bis das die Medis die Verzweiflung etwas dämpfen.

Vielleicht erreichst du doch ein Ufer.

Vielleicht – Vielleicht – Vielleicht?

Viel – leicht? Nichts ist leicht!

Vielschwer – Vielschwer – Vielschwer!

# Verlässlichkeit

Viele Menschen mit einer BPS haben die Erfahrung gemacht, dass sie sich Liebe erst verdienen müssen. Man muss „lieb" sein, um akzeptiert zu werden. Fehlverhalten wird mit Liebesentzug geahndet.

Das bedeutet im Umkehrschluss, wenn ich zurückgewiesen werde, stimmt etwas mit mir nicht. Darum brauchen diese Betroffenen immer die Bestätigung durch andere Personen.

Wenn man sich das vor Augen führt, kann man verstehen, warum die Beziehungen von Borderlinern oft schwierig sind.

Manche testen erst mal, ob z.B. der neue Partner wirklich zu einem hält, auch wenn man richtig garstig ist. Andere sind überzeugt, dass sie nicht liebens – wert sind und fragen sich, ob dieser Mensch eigentlich ganz bei Trost ist, wenn er sich mit so einem minderwertigen Objekt abgibt.

Ziemlich kompliziert! Und sehr anstrengend – für beide Seiten.

Für Borderliner ist es deswegen sehr schlecht zu ertragen, wenn jemand Verabredungen, Zusagen oder gar Versprechen nicht einhält. Es führt sofort zu schweren Selbstzweifeln, da die „Schuld" immer bei sich selbst und nicht beim Anderen gesucht wird. Auch bestätigt es das schlechte Selbstbild, dass die meisten Borderliner haben.

Wenn Ihnen wirklich etwas an dem Menschen mit BPS liegt, seien Sie zuverlässig! Sollte Ihnen doch mal etwas dazwischenkommen, rufen Sie unbedingt frühzeitig an und klären den Sachverhalt. In Zeiten von Handy und Co sollte das kein Problem mehr sein. Auch der Borderliner lebt in der Gegenwart und weiß, dass z.B. eine gesperrte Straße zu Verspätungen führt. Wenn Sie aber einfach nicht kommen oder viel zu spät kommen, sind die Gedanken des Borderliners schon wieder auf Abwegen. Die negativen Glaubenssätze übernehmen sofort wieder das Regiment:

*Ich hab´s ja gewusst, der mag mich nicht!*

*Warum sollte der sich Zeit für mich nehmen?*

*Vielleicht habe ich ja was Falsches gesagt, und jetzt ist der Andere beleidigt und kommt nicht mehr?!* Usw.

Ein Beispiel?

Als ich während einer Krise auf der geschützten Station war, passierte es mir mehrfach, dass die Psychologin mir sagte, sie käme im Laufe des Nachmittags auf mich zu. Ich traute mich nicht, mein Zimmer zu verlassen, um sie nicht zu verpassen. Doch die Psychologin kam nicht. Ich überlegte, ob ich etwas falsch verstanden haben könnte oder ob ich irgendetwas getan hätte, wofür ich ein time out (Zeitraum in dem kein Kontakt zu den Mitpatienten oder Therapeuten erlaubt ist, bis die entsprechende Situation geklärt ist. bekommen hätte. Als ich irgendwann den Mut fasste sie doch zu fragen, ob ich sie etwa verpasst oder falsch verstanden hätte, war sie ganz erstaunt:

*Sie haben auf mich gewartet? Aber warum denn?*

*Ja, Sie hatten doch gesagt, Sie kämen im Laufe des Nachmittags auf mich zu.*

*Ach, das weiß ich ja gar nicht mehr. Habe ich das wirklich gesagt?*


Das war für mich das Ende dieser therapeutischen Beziehung. Wenn Sie es nicht für nötig hält, Verabredungen einzuhalten und wenn Sie sich selbst an gemachte Zusagen nicht erinnert, ist bei mir kein Vertrauen für eine Zusammenarbeit mehr da. Ich habe mich durch ihr Verhalten sehr stark in meinem Wert herabgesetzt (invalidiert) gefühlt. Ich halte es für normal, dass man Verabredungen einhält oder bei Verhinderung absagt und sich entschuldigt. Das Verhalten der Psychologin hinterließ bei mir das Gefühl, dass ich es nicht wert sei.

Sie haben mittlerweile eine Ahnung davon, wie schnell und radikal die Emotionen von Menschen mit einer BPS sind. Deswegen gilt: umso instabiler der Borderliner umso wichtiger, dass selbst kleine Abweichungen kommuniziert werden. Andernfalls kann eine Verspätung mit jeder Minute die Spannung weiter hochtreiben bis schließlich kein vernünftiger Gedanke mehr möglich ist. Die Gefahr von Problemverhalten besteht und selbst wenn es nicht dazu kommt, ist ein normaler Umgang oder gar Therapie so nicht mehr möglich.

Aber was können Sie tun, wenn Ihr Angehöriger Sie immer wieder auf die Probe stellt? Sie wissen jetzt ja, warum er das tut. Aber dem Betroffenen selbst ist das vielleicht gar nicht bewusst. Versuchen Sie, es in Ruhe zu klären. Wie immer sollte der Borderliner nicht gerade im Hochstress sein. Sonst ist das Gespräch von vornherein zum Scheitern verurteilt. Bleiben Sie bei dem Gespräch am Besten inhaltlich bei sich und versuchen Sie gewaltfrei zu kommunizieren.

Ein Beispiel?

*Ich habe das Gefühl, du bist unsicher, ob du dich auf mich verlassen kannst.* Sie sprechen hier von <u>Ihrem</u> Gefühl und versuchen herauszufinden, was hinter dem Verhalten des Borderliners steckt.

*Wie kommst du denn darauf?*

*Du betonst immer, wie schlecht du bist. Aber für mich bist du ok so, wie du bist. Nur wenn du immer meine Treue in Frage stellst, macht mich das traurig.*

*Aber was soll ich denn machen? Ich frage mich immer wieder, was du an mir findest und ob du mich noch liebst.*

*Ich habe dich so wie du bist kennen und lieben gelernt. Warum sollte sich das jetzt ändern?*

*Das weiß ich auch nicht. Aber ich habe immer Angst davor, dass du mich verlässt. Ich weiß nicht, wie ich das verkraften sollte.*

*Aber ich möchte nicht immer in Frage gestellt werden. Ich will dir nicht immer beweisen müssen, dass ich es ehrlich meine. Es macht mich traurig, dass du mir misstraust.*

Jetzt sind beide Bedürfnisse beim Namen genannt und verstanden. Aber wie kann man diese unterschiedlichen Positionen vereinen?

Da ich grundsätzlich von der Liebe meines Mannes und meiner Familie überzeugt bin, brauche ich in schwierigen Situationen nur etwas, dass mich daran erinnert. So habe ich mir von meinen Lieben einmal zu Weihnachten ein Medaillon mit ihren Fotos gewünscht. Für mich ist das oft eine große Unterstützung, wenn ich wieder einmal unsicher bin.

Überlegen Sie, was gut geeignet ist, als Symbol für Ihre Beziehung. Es gibt ja auch technische Möglichkeiten. Im Notfall kann man ja per Handy telefonieren. Aber der Borderliner sollte sich nicht ausschließlich davon abhängig machen. Selbst wenn Sie ihn sehr lieben, kann die ewige Hinterhertelefoniererei Ihnen dann doch zu viel werden. Anstatt dessen könnten Sie dem Betroffenen ein Foto und eine „Mutmachnachricht" auf sein Handy laden, die er sich bei Bedarf immer wieder anhören kann. Auch wenn Sie räumlich voneinander getrennt sind oder wenn der Borderliner wieder von Zweifeln und Ängsten geplagt wird, können Sie Ihren Angehörigen so unterstützen.

Drafi Deutscher singt in seinem Lied „Marmor, Stein und Eisen bricht":

*Nimm den goldenen Ring von mir*

*bist du traurig dann sagt er dir*

*Marmor, Stein und Eisen bricht –*

*aber unsere Liebe nicht!*

Nun – es muss nicht der goldene Ring sein. Wenn Ihre Beziehung vielleicht keine romantische Liebe ist, wäre das auch unangemessen. Aber wenn Sie einen Moment überlegen, wird Ihnen bestimmt etwas

Passendes einfallen. Wichtig ist, dass es möglichst persönlich ist. Einmal habe ich einer Freundin in einer schweren Phase das Armband geschenkt, das ich gerade trug. So konnte sie besser ertragen, dass ich wieder nach Hause gehen musste, aber sie wusste, dass ich trotzdem für sie da bin.

Ich selbst habe von einem Menschen, den ich sehr schätze, ein Halstuch zum Motorrad fahren geschenkt bekommen. Es riecht sogar noch nach ihm. So fährt er immer mit mir.

Hilfreich ist es natürlich, wenn dieses Übergangsobjekt möglichst unauffällig ist. Ein Erwachsener mit Teddybär im Arm hat beim Vorstellungsgespräch wahrscheinlich nicht so gute Chancen.

# Hilfe – bald ist Weihnachten

Schon die Germanen feierten Ende Dezember Wintersonnenwende. Es ist ja auch wirklich ein Grund zum Feiern, wenn die Tage endlich wieder länger werden. Das christliche Weihnachtsfest findet auch nicht von ungefähr zu dieser Zeit statt. Diese trübe, dunkle Zeit ist für viele Menschen schwer erträglich. Wie gut, dass man sich dann mit Vorbereitungen auf das Fest und Geschenke kaufen ablenken kann. Viele stöhnen über den Aufwand, den sie dennoch immer weiter betreiben. Doch schließlich ist man Christ und Weihnachten wird alles wieder gut machen. Es werden riesengroße Erwartungen an dieses Fest gestellt. Alles soll perfekt sein und so ist es nicht verwunderlich, wenn aus dem „Fest der Liebe" plötzlich ein Fest der Aggressionen und der Enttäuschung wird.

Schon für psychisch Gesunde ist es eine Herausforderung. Wieviel mehr erst für psychisch Kranke! Wie haben Sie das Weihnachten Ihrer Kindheit in Erinnerung? Wie waren die Weihnachten als Erwachsener und wie waren in den letzten Jahren ihre Weihnachtsfeste?

All diese Erinnerungen sind gerade in der Adventszeit sehr wichtig. Sie tragen Sie mit sich herum und sie sind Maßstab für jedes weitere Jahr.

Wahrscheinlich wird auch bei Ihnen Weihnachten nicht immer nur Friede, Freude, Eierkuchen gewesen sein. Aber Sie können sich auch noch an das Schöne erinnern und halten sich nicht länger mit den unschönen Dingen auf. Vielleicht können Sie im Rückblick sogar darüber schmunzeln.

Für Menschen mit BPS ist es sehr schwierig, die schlechten Seiten zu akzeptieren und dennoch nicht das ganze Fest zu verteufeln. Sie erinnern sich: schwarz oder weiß, das sind die Kategorien, in denen ein Borderliner denkt. Dazu kommt, dass die Betroffenen häufig wirklich schlimme Erfahrungen gerade an Weihnachten gemacht haben. Als Kinder und Heranwachsende wurden sie häufig in ihrer Ursprungsfamilie invalidiert. Oft kam ihnen die Rolle des Sündenbocks zu. Wenn also die Eltern im Stress waren, musste gerade dieser sensible Mensch wieder als Blitzableiter dienen.

Die „Vorfreude" eines Menschen mit dieser Erfahrung hält sich also in Grenzen. Im Gegenteil: die Erfahrung, immer gerügt zu werden, steigert den Anspruch an sich selbst ins Unermessliche. Wenn man alles perfekt macht, wird man vielleicht nicht wieder invalidiert?! Doch wenn der Anspruch so extrem hoch ist, ist die Wahrscheinlichkeit sehr groß, dass man ihn nicht erfüllen kann. Der Betroffene hat wieder einmal Angst zu versagen. Diese Angst kann so groß sein, dass sie eine handfeste Krise hervorruft. Deswegen haben schon viele Borderliner das eine oder andere Weihnachten im Krankenhaus und insbesondere auf der geschützten Station verbracht.

Können Sie sich vorstellen, wie sich das anfühlt? Eingesperrt zu sein? Und das auch noch an Weihnachten? Sie sind getrennt von Ihren Lieben und fühlen sich einsamer als je zuvor. Um dem Ganzen noch die Krone aufzusetzen kommen wohlmeinende Christenmenschen und bringen den armen Kranken die „frohe Botschaft". Sie sprechen von „Gnade, Vergebung, Nächstenliebe" usw. Nur - es scheint für Menschen mit Borderline-Persönlichkeitsstörung nicht zu gelten. Für den Kranken gibt es nur Eingesperrtsein, Strafe, getrennt sein von seinen Lieben: also wiedermal Liebesentzug.

Da wundert es gar nicht, dass christliche Weihnachtslieder, Rituale usw. ganz schlechte Gefühle bei Borderlinern hervorrufen können.

Man könnte sagen: die Weihnachtsvorbereitungen sind ein einziges Minenfeld.

Wie kann man damit umgehen? Das ist eine sehr schwierige Frage. Die Patentantwort gibt es dafür auch nicht. Es wäre sicherlich gut, wenn Sie nicht darauf bestehen würden, *alles wie immer* zu machen.

Stellen Sie klar, was Ihnen wirklich wichtig ist. Wenn es Ihnen z.B. wichtig ist, den Gottesdienst zu besuchen, dann sagen Sie das ruhig. Aber bestehen Sie nicht darauf, dass Ihr Angehöriger mitgehen soll.

Vielleicht überlassen Sie die Auswahl der Musik für Weihnachten dem Borderliner. Aber Deprimusik ist gegen die Spielregeln…Es kann durchaus gut sein, das traditionelle Weihnachtsessen zu kochen. Es kann aber auch eine Überforderung darstellen. Selbst wenn Sie glauben, zu wissen, was Ihrem Angehörigen wichtig ist, fragen Sie lieber. Manchmal will man durch das ewige Wiederholen des immer gleichen Ablaufs nur die Vergangenheit beschwören, in der Hoffnung, dass es diesmal endlich gut wird. Doch die Vergangenheit ist vorbei. Niemand kann sie mehr ändern. Deswegen sollte man nicht krampfhaft an ihr festhalten. Wann der Zeitpunkt gekommen ist, ein neues Kapitel aufzuschlagen, muss der Betroffene selbst entscheiden. Vorschläge Ihrerseits können allerdings hilfreich sein. Menschen mit Borderline-Persönlichkeitsstörung brauchen häufig eine „Erlaubnis", um etwas anders zu machen als bisher. Diese Erlaubnis besagt: *auch wenn du etwas anders machst, als wir es immer gemacht haben, habe ich dich lieb. Auch wenn nicht alles perfekt ist, bist du mir das Wichtigste an Weihnachten.*

Wenn Sie es schaffen, diese Einstellung für sich zu gewinnen und sie auch Ihrem Lieben zu vermitteln, kann Weihnachten doch ganz schön werden!

Es gibt ungeahnte Möglichkeiten: Man kann es sich zu Hause gemütlich machen, bei uns gibt es z.B. nach dem Essen an Heilig Abend Feuerzangenbowle und wir schauen dazu den gleichnamigen Film mit Heinz Rühmann. Man kann ins Kino gehen, spazieren gehen, einen Spieleabend veranstalten, Schlittschuh laufen, ein Museum besuchen, gemeinsam kochen, in den Zoo gehen usw.

**Machen Sie sich und Ihre Lieben frei von Zwängen, die Sie immer schon genervt haben.** Besuchen Sie Verwandte nur, wenn Sie es wirklich wollen. Wenn es Ihnen wichtig ist, könnten Sie vielleicht schon vor Weihnachten mit den Verwandten essen gehen – dann sind die Restaurants auch nicht so überfüllt und meistens ist sogar das Essen besser.

Gehen Sie nur in die Kirche, wenn es Ihnen wichtig ist.

Backen Sie Plätzchen nur, weil es Ihnen Spaß macht.

Verschicken Sie Weihnachtspost nur, weil Sie es wollen und nicht, weil man das so macht!

Putzen Sie nicht das ganze Haus, nur weil Weihnachten vor der Tür steht. Ein paar Tage später sieht sowieso alles wieder aus wie vorher.

Sie müssen auch nicht an allen Feiertagen Wahnsinnsessen zaubern. Hier in Deutschland haben wir jeden Tag satt zu Essen. Das Angebot ist riesig. Ist es nicht vielleicht sogar schöner und leckerer einmal richtig Bratkartoffeln oder Eintopf zu kochen und zu essen?!

Wie Sie sehen, ist es auch eine Chance, mit Traditionen zu brechen und einfach mal etwas Neues auszuprobieren!

Wenn Ihr Angehöriger trotzdem traurig wird oder die Spannung steigt, seien Sie nicht enttäuscht. Die Erinnerungen vieler Jahre lassen sich nicht so einfach über Bord werfen. Die neue Sicherheit und Freiheit muss erst wachsen und das dauert manchmal sehr lange.

Es ist wichtig, das auch dem Borderliner zurückzumelden. Sonst hält er sich ganz schnell wieder für einen Versager, dann setzt er sich wieder unter Druck und die Abwärtsspirale beginnt. Sie können Ihren Angehörigen durch Worte oder Taten validieren. Benutzen Sie aber keine solchen Floskeln, wie: *Das wird schon wieder!* Oder *Halb so schlimm!* Denn das sind ja Invalidierungen. Diese Sprüche erkennen nicht an, dass der Borderliner im Moment leidet. Es entsteht sogar noch zusätzlicher Druck: *Wenn alles nicht so schlimm ist, dann stimmt etwas mit mir nicht, denn ich empfinde das ja anders.*

Validieren erkennt zuallererst das Empfinden meines Gegenübers an:

*Ich habe den Eindruck, dass du wieder down bist. Stimmt mein Eindruck?*

*Ja, ich bin irgendwie abgestürzt.*

*Kannst du einen aktuellen Anlass erkennen? Hat dich was getriggert?*

*Ich weiß auch nicht, das kam so angeflogen.*

*Möchtest du vielleicht skillen? Wollen wir zusammen etwas machen? Oder willst du lieber allein sein? Vielleicht ist es gut, jetzt entgegengesetzt zu handeln.*

Evtl. haben Sie mit Ihrem Angehörigen schon früher mal eine Skillkette geübt. In diesem Moment könnte das ganz hilfreich sein. Aber denken Sie daran: Es geht nicht darum, ein Gefühl wegzuskillen. Skillen dient der Spannungssenkung und macht somit den Umgang mit Emotionen erst möglich. Es ist Menschen mit BPS oft nicht möglich, ihre Gefühle genau zu benennen. Und wenn sie ein Gefühl benennen können, fällt es häufig sehr schwer, damit umzugehen. Ein Gefühl zuzulassen, auch wenn es ein unangenehmes Gefühl ist, muss man erst lernen.

Vielleicht beginnt Ihr Angehöriger irgendwann damit, von seiner Herkunftsfamilie zu berichten. Dann haben Sie die Chance, nachzuvollziehen, warum er so reagiert, wie Sie es immer wieder erleben. Vielleicht haben Sie die Storys aber alle schon bis zum Abwinken gehört. Dann beginnt wieder die Gratwanderung. Es ist sicherlich gut, festzustellen, was einen in der Vergangenheit so stark geprägt hat. Gleichzeitig darf man nicht in der Erinnerung hängen bleiben, sonst vergibt man auch die Chance, die Gegenwart selbst anders zu gestalten. Eine Kombination von Validierung und Ermunterung wäre sicher hilfreicher.

Ein Beispiel?

Der Borderliner berichtet wieder einmal ausführlich über die Invalidierungen, denen er ausgesetzt war. Er findet immer neue Beispiele. Sie können verstehen, dass er daher verletzt ist, wollen aber nicht die ganze Zeit nur diese schlimmen Sachen hören.

*Das war wirklich eine schwere Zeit für dich. Es macht mich traurig, dass du als Kind so etwas erfahren musstest.*

*Ja, das war früher immer total schlimm für mich. Deswegen mag ich jetzt auch kein Weihnachten mehr.*

*Das kann ich verstehen. Aber jetzt ist deine (Herkunfts)-familie ja gar nicht hier. Wir können die Weihnachtstage so gestalten, wie <u>wir</u> es wollen. Wollen wir uns dann nicht mit schöneren Themen befassen, als mit deiner miesen Kindheit?*

Wahrscheinlich muss Ihr Angehöriger jetzt erstmal kurz schlucken. Sie wissen ja, dass Borderliner vieles schnell als Zurückweisung auffassen und dann sofort die Stacheln aufstellen.

*Mich macht das immer total traurig. Wie schwer mag das dann für dich erst sein. Ist es denn nicht total schwer für dich, wenn du das gedanklich immer wieder durchgehst? Ich fände es schön, wenn wir jetzt unsere Zeit genießen und uns neue, schöne Erinnerungen schaffen.*

*Du musst nicht immer die erste Geige spielen*

*Aber du solltest unbedingt der Dirigent*

*Im Konzert deines Lebens!*

*J.C.H.*

# Warum kommst du nicht alleine aus dieser miesen Stimmung raus?

Ihr Angehöriger hat schon so viel über die Borderline-Persönlichkeitsstörung gelernt und er zeigt auch immer wieder, wie gut er das Gelernte umsetzen kann. Doch manchmal, meistens auch ganz plötzlich schlittert er wieder in eine Krise. Es scheint völlig unerklärlich, warum der Betroffene nicht einfach selbst die notwendigen Schritte geht. Warum kommt es immer wieder zu PV oder Krankenhausaufenthalten?

Sie erinnern sich an die Grundannahmen?

*Grundannahmen*
1. Die Patientinnen geben sich wirklich Mühe.
2. Die Patientinnen wollen sich verändern.
3. Die Patientinnen müssen sich stärker anstrengen und härter arbeiten, um sich zu verändern.
4. Die Patientinnen haben ihre Schwierigkeiten nicht alle selbst verursacht, aber müssen sie selber lösen.
5. Das Leben suizidaler Borderline – Patientinnen ist so, wie es gegenwärtig gelebt wird, nicht auszuhalten.
6. Die Patientinnen müssen neues Verhalten in allen relevanten Lebensbereichen erlernen.
7. Die Patientinnen können in der Therapie nicht versagen.
8. TherapeutInnen, die Borderline – Patientinnen behandeln, brauchen Unterstützung.

Wir wissen, dass Bordis alle Emotionen stärker empfinden, als nicht Betroffene. Dazu kommt dann noch diese hohe Anspannung. Unter hoher Anspannung ist logisches Denken nicht mehr möglich. Bordis müssen sich immer mehr anstrengen als nicht Betroffene.

Ganz schön heftig, wenn man dann verlangt, dass sie sich selbst aus dem Sumpf ziehen sollen.

Dazu kommt noch ein ganz wichtiger Faktor: Die meisten BPS Betroffenen sind in einem invalidierenden Umfeld aufgewachsen. Statt liebevoller Unterstützung haben sie von frühester Kindheit an negative Zuschreibungen zu hören bekommen.

Es wäre gesund und normal, wenn Eltern an ihr Kind glauben und es unterstützen. Sie würden ihm Mut zusprechen, ihm den Rücken stärken und bei Misserfolgen Trost spenden z.B.: Ich glaube fest an dich./ Heute war einfach nicht dein Tag. Ich weiß ja, dass du das kannst./ Es ist egal, was die anderen sagen, ich finde das hast du genau richtig gemacht. / Ich freue mich mit dir.

Ja, das wäre normal und gesund. Doch was haben die meisten Bordis in ihrer Kindheit zu hören bekommen?

z.B.: Du bist nur die Zweitbeste – wer war denn die Beste? Warum warst du das nicht?

Ist ja klar, dass du das wieder vergeigt hast. Es musste ja so kommen.

Du strengst dich nur nicht genug an. Du bist einfach zu blöd.

Sei nicht immer so eingebildet!

Hälst dich wohl für besonders schlau?!

Mit solchen wie dir bin ich noch immer fertig geworden.

Du bist einfach zu faul.

Diese Liste ließe sich beliebig fortsetzen. Diese „negativen Glaubenssätze" werden quasi mit der Muttermilch aufgesogen. Sie werden so stark verinnerlicht, dass der Betroffene sich selbst schon damit belegt. Sie sind so tief verankert, dass man es schon gar nicht mehr merkt. Bei jeder Gelegenheit kommentieren sie unbewusst das Wahrnehmen, Empfinden und Handeln des Betroffenen. Wie lästige Werbung am Computer ploppt immer wieder ein negativer Glaubenssatz hoch.

Und vor lauter Werbefenstern / negativen Glaubenssätzen kann man gar nichts mehr auf dem Bildschirm erkennen. Am PC klickt man die Werbung einfach sofort weg. Man hat gelernt, dass man sie nicht braucht, und dass sie nur stört. Warum macht man das nicht auch einfach mit den Glaubenssätzen? Nun, dazu müsste man sie erst mal erkennen!

Als gesunder Mensch sagt man jetzt: Aber das ist doch klar! Solch eine Einstellung zu sich selbst muss ja schaden. Außerdem stimmt das doch so gar nicht! Ja, das ist richtig. Aber: Das Selbstbild eines Menschen wird davon bestimmt, welche Erfahrungen er macht, und wie die nächsten Bezugspersonen ihn beurteilen. Wenn ich also immer nur negatives zu hören bekomme, mache ich mir dieses Selbstbild zu eigen.

So gibt es bildhübsche Borderliner, die sich selbst für hässlich halten, gertenschlanke Menschen, die aus Angst vorm „Fettwerden" nicht essen wollen, Intelligenzbestien, die sich nicht trauen den Mund auf zu machen. Manche Betroffene bleiben weit hinter ihren Fähigkeiten zurück, weil sie sich nichts zutrauen. Andere müssen alles immer 150 prozentig erledigen, da sie gelernt haben, dass sie sich Anerkennung, Liebe und überhaupt ihre Daseinsberechtigung erarbeiten müssen. Doch sie werden nie gut genug sein…Die ganze Selbstwahrnehmung stimmt nicht.

Ein Bespiel?

Mit 15 Jahren hatte ich eine schwere Nierenbeckenentzündung. Doch das wusste ich nicht. Was ich wusste war: ich hatte starke Rückenschmerzen und schon seit mehreren Nächten Schüttelfrost. Auch musste ich mich nachts manchmal übergeben. Tagsüber berappelte ich mich meistens wieder etwas. Ich quälte mich, meine Pflichten zu erfüllen. Zunächst unterstellte meine Mutter mir, ich sei schwanger. Was ja auch nicht verwunderlich sei, bei meiner schlechten Moral. Da wir streng katholisch waren, war das ja schon eine echte Katastrophe!

Als ich dann eindeutig nicht schwanger war, schwenkte sie um auf: Du simulierst nur, weil du nicht mit uns nach Frankfurt fahren willst und mir den Tag auch kaputt machen willst. Also nahm ich all meine Kraft zusammen und fuhr mit. In Frankfurt hatte ich dann wieder Schüttelfrost und wäre beinahe kollabiert. Aber ich durfte natürlich keine Schwäche zeigen, da ich meinen Eltern ja nicht den Tag verderben wollte.

Dann endlich wurde ich zum Hausarzt geschickt. Der schlug die Hände über dem Kopf zusammen. Er verschrieb mir Antibiotika, viel Flüssigkeit und Ruhe. Nun, wie soll man sich Ruhe gönnen, wenn man dann sofort wieder als Faulpelz beschimpft wird? Schließlich hatte ich ja jetzt Medizin, da brauchte ich mich also nicht weiter anstellen.

Unvorstellbar? Viele Borderliner haben ähnliche Erfahrungen gemacht. Und wenn es uns nun schlecht geht, brauchen wir die Erlaubnis, uns Zeit zu nehmen und um uns zu kümmern.

Wie jetzt?

Wenn es mir schlecht geht, muss das von außen bestätigt werden. Am Besten von einem Arzt. Und Ruhe darf ich mir nur gönnen, wenn dieser Arzt sagt, dass ich dringend ins Krankenhaus gehöre.

Ganz schlimm wird es, wenn dann von den Angehörigen auch noch so Sprüche kommen wie: *Du machst dir ein schönes Leben in der Klinik.* Oder: *Immer wenn es schwierig wird haust du ab.* Oder: *Was tust du mir an, indem du in die Klinik gehst.*

Es kann sein, dass der Borderliner dann einen Beweis liefert dafür, wie schlecht es ihm geht. Das kann in Form von Ritzen sein, es kann aber auch zum Suizidversuch kommen.

Nicht das wir uns falsch verstehen: der Kommentar alleine ist nicht die Ursache für SVV (Selbstverletzendes Verhalten). Aber wenn es dem Menschen mit BPS emotional sehr schlecht geht und die Spannung ohnehin sehr hoch ist, wird der innere Konflikt durch solche Äußerungen extrem verstärkt. Wenn die Spannung über 7 steigt, ist der „point of no return" überschritten. Logisches Denken ist nicht mehr möglich. Der Wunsch, diesem schrecklichen Zustand zu entkommen, wird übermächtig. SVV kann die Spannung kurzfristig verringern. Ein Suizidversuch entspricht dem extremen Wunsch, dieser Situation zu entfliehen.

Ganz schön verfahren, nicht wahr? Und es reicht nicht, wenn Sie jetzt Ihrer Frau sagen: „Schatzi, du musst das alles nicht so ernst nehmen." Wahrscheinlich würde „Schatzi" erst Recht ausrasten.

Wie dann?

Es ist wichtig, dass der Borderliner ernst genommen wird. D.h. eine echte Validierung erfährt. Am Besten beschreiben Sie, was Sie wahrnehmen, aber bitte ohne Wertung. Genauso, wie es in der „gewaltfreien Kommunikation" gelehrt wird.

Ein Beispiel?

*Ich habe den Eindruck, dass es dir nicht gut geht. Stimmt das?*

Eventuell wird unser Bordi abwiegeln: *Alles gut. Lass mich einfach in Ruhe!*

Klar, woher soll er jetzt wissen, dass wir etwas ändern wollen. Deswegen wäre es sinnvoll, schon vor der nächsten Krise mal darüber zu sprechen. Aber wenn es so ist, sollten Sie trotzdem nicht aufgeben.

*Kann ich dir etwas Gutes tun? Wollen wir einen Cappuccino zusammen trinken?*

Man kann nämlich auch ohne Worte validieren. Vielleicht fragen Sie auch gar nicht erst, wenn Sie Ihren Partner gut kennen, wissen Sie, ob er gerne Kakao, Tee oder sonst etwas mag. Wichtig ist, dass der Betroffene spürt, Sie haben sein Leid wahrgenommen.

Wie gehen Sie auf ein Kind ein, das Kummer hat? Sie nehmen es in den Arm und signalisieren so: ich bin für dich da. Ich fühle mit dir. Ähnlich verhält es sich, wenn Sie jetzt wortlos validieren. Nicht jeder Borderliner im Hochstress kann Berührung oder Nähe ertragen. Da müssen Sie leider sehr sensibel sein. Aber seien Sie kreativ: Sie können mit Musik, oder einem schönen Bad validieren, Sie können gemeinsam spazieren gehen, Fotos oder Bildbände anschauen. Es geht im Moment noch gar nicht darum, die Stimmung zu verändern. Es geht erst mal darum, das Leid des Betroffenen anzuerkennen. Wenn ich das Leid anerkenne (validiere) gebe ich auch dem Borderliner die Möglichkeit, es selbst anzuerkennen. Vielleicht lernt er auch irgendwann zu sagen: Ja, mir geht es nicht gut!

Selbstvalidierung (Ja, mir geht es nicht gut.) ist der erste und wichtigste Schritt zur Veränderung.

Wenn Ihr Angehöriger mit BPS die Validierung annehmen kann, bleibt natürlich noch einiges zu tun. Zunächst mal müssen Sie zusammen schauen, wie hoch die Anspannung aktuell ist. Sie erinnern sich? In hoher Anspannung ist kein logisches Denken möglich. Deshalb muss der Bordi erst wieder „arbeitsfähig" werden. Am besten hilft eine Skillkette. Sie besteht aus Skills, für die verschiedenen Spannungsbereiche. Man beginnt natürlich mit Hochstressskills und arbeitet sich runter bis zu Gedankenskills.

Ein Beispiel?

*Skillkette*
1. Bewegung
   z.B. rasches Treppenlaufen, Liegestütze an der Wand, Kniebeugen
2. Kältereiz
   z.B. Ein Coldpack an den Hinterkopf halten, kaltes Wasser über die Handgelenke oder Füße, barfußlaufen auf kaltem Boden (im Winter auch gerne im Schnee)
3. Gedankenskill

z.B. von 100 in siebener Schritten rückwärts rechnen, fünf Tiere mit A am Anfang, vier Autos mit B am Anfang, drei Speisen mit C, zwei Namen mit D usw.

Wenn die Spannung wieder unter 7 gesunken ist, kann man auch wieder gemeinsam überlegen, was der nächste Schritt ist. Borderliner, die an ein DBT Netzwerk angeschlossen sind können Telefoncoaching in Anspruch nehmen. Sie könnten auch ihren Therapeuten anrufen. Und bevor etwas Schlimmes passiert, sollte sich jeder Bordi in Sicherheit bringen, d.h. ins Krankenhaus gehen, wenn man selbst nicht mehr für sich garantieren kann. Das ist in Ordnung! Das ist kein Versagen, sondern im Gegenteil ein Zeichen, dass der Patient Eigenverantwortung übernimmt! In der DBT kann der Patient nicht versagen!

Wenn die Spannung nicht mehr im kritischen Bereich ist und sich die schwarzen Gedanken noch kontrollieren lassen, kann man aber auch noch einen anderen Weg gehen. Überlegen Sie mal, was im Krankenhaus zur Überwindung dieser Krise getan wird.

1. Der Bordi braucht kein schlechtes Gewissen haben. Der Arzt hat bestätigt, dass es ihm schlecht geht und er Zeit braucht.
2. Der Bordi kommt auf Station. Evtl. sogar erst mal auf die geschützte Station. Er ist somit von allen Alltagspflichten entbunden. Er hat Zeit, sich um sich selbst zu kümmern.
3. Bei Bedarf kann er sich seine Bedarfsmedikation holen. Er braucht sich nicht dafür rechtfertigen.
4. Der Bordi beschäftigt sich mit irgendwelchen Dingen, die nicht direkt nützlich sein brauchen. Er lenkt sich ab z.B. durch Musik hören, PC Spiele, lesen oder stricken.
5. Der Bordi braucht keine Aufgaben übernehmen. Er kommt z.B. wenn das Essen fertig ist und braucht nicht nach dem Essen die Küche putzen.

Das ist ja alles keine Zauberei! Das könnte man auch zu Hause hinkriegen. Der große Unterschied liegt in Punkt 1: Der Kranke braucht kein schlechtes Gewissen haben. Der Arzt hat bestätigt, dass es ihm schlecht geht und er Zeit braucht.

Sie müssen also erst mal validieren, dass es Ihrem Angehörigen schlecht geht. Z.B.

*Ich habe den Eindruck, dass es dir heute gar nicht gut geht. Stimmt das?*

Dann müssen Sie validieren, dass der Angehörige jetzt Zeit braucht und nicht arbeiten kann.

*Lass jetzt erst mal die ganze Hausarbeit sein. Das brauchst du jetzt nicht machen. Mir ist es wichtig, dass du dir die Zeit für dich nimmst, die du brauchst.*

Dann müssen Sie validieren, dass der Betroffene sich nur um sich zu kümmern braucht und dass jetzt oberste Priorität hat.

*Ich kann nur ahnen, wie anstrengend diese Phasen sind und ich möchte auch gerne, dass es dir bessergeht. Deswegen konzentriere dich auf dich selbst. Das ist jetzt das Wichtigste.*

Es ist nicht so einfach, wie es sich anhört. Denn die alten Glaubenssätze schlagen gnadenlos zu. Wenn Sie es schaffen, rüber zu bringen, dass Sie Ihrem Angehörigen die Selbstfürsorge ausdrücklich erlauben, gutheißen und wünschen, haben Sie schon viel geleistet. Wenn jetzt der BPS Betroffene sich auch selbst die Erlaubnis erteilt, können Sie es auch ohne Klinik schaffen.

Das Alles klingt für Sie nach viel Arbeit? Sehen Sie es als eine Art Starthilfe. Wenn Sie Ihren Angehörigen jetzt unterstützen, wird bei ihm ein Umdenken einsetzen. Wenn er diese neue Erfahrung öfter macht, kann er sich bald selbst die Erlaubnis geben, für sich zu sorgen. Dann sparen Sie sich Krankenhausbesuche, brauchen nicht immer alle Aufgaben Ihres kranken Partners mit übernehmen und sie sparen sich viele Sorgen und Schmerz, die Sie leider immer erleiden, wenn sich Ihr Angehöriger etwas antut.

# Wie geht man am Besten mit der Ursprungsfamilie um?

Wenn die Person mit der BPS das Zusammensein mit ihrer Ursprungsfamilie genießt, sie dort Unterstützung und Wertschätzung erfährt und sie sich geborgen und sicher fühlt, brauchen Sie sich keine weiteren Gedanken machen. In diesem glücklichen Fall kann die Herkunftsfamilie auch für Sie eine Entlastung darstellen. Ich kann nicht oft genug betonen, dass ca. 25 % der Menschen mit einer Borderline-Persönlichkeitsstörung <u>keine</u> Gewalt- oder Missbrauchserfahrungen gemacht haben und dennoch an der BPS leiden. Es kann auch sein, dass die Familie alles richtiggemacht hat und der Betroffene außerhalb negative Erfahrungen machen musste. Das kann z.B. auch Mobbing in der Schule gewesen sein.

In vielen anderen Fällen ist das Verhältnis zu der Ursprungsfamilie jedoch belastet.

Es gibt wenige grundsätzliche Empfehlungen. In einem Punkt sind sich jedoch die meisten Therapeuten einig: Im Fall von sexuellem Missbrauch sollte Täter / Opfer Kontakt vermieden werden. Das bedeutet, dass viele Betroffene Familienfeiern meiden müssen. Besonders schwierig ist das, wenn die Familie nichts von den früheren Verbrechen weiß. Wie soll man erklären, dass man Weihnachten nicht die Eltern besuchen kann, wenn der Schwager, Onkel oder wer auch immer der Täter war auch kommt.

Aus Angst, Scham oder um andere Familienmitglieder zu schützen, haben die Opfer oft das Verbrechen verschwiegen. Sollten sie jetzt ihr Schweigen brechen?

Sie sehen, es ist nicht einfach einen Rat zu geben. In jedem Fall erfordert es von Ihnen viel Feingefühl. Für Ihren Angehörigen ist jede Form der Unterstützung wichtig. Versuchen Sie heraus zu finden, was Ihr Angehöriger wirklich braucht.

Doch auch das ist nicht so einfach. Weiß Ihr Angehöriger denn überhaupt selbst, was er möchte oder braucht? Häufig möchte der Betroffene Kontakt zur Ursprungsfamilie halten, auch wenn es ihm offensichtlich nicht guttut. In der Kindheit waren die meisten von uns Borderlinern darauf bedacht, durch vorauseilenden Gehorsam weitere Invalidierungen zu vermeiden. So kann es dazu kommen, dass wir immer wieder ans Telefon gehen, wenn die Eltern anrufen, obwohl wir hinterher jedes Mal am Boden zerstört sind.

Warum nur fallen wir immer wieder darauf herein? Es ist der übergroße Wunsch, alles „richtig" zu machen, damit man endlich anerkannt wird. Doch wie groß ist die Wahrscheinlichkeit, dass eine Familie, die es gewohnt ist ein Mitglied als Fußabtreter zu benutzen, sich neu besinnen wird und diese Person als gleichwertig anerkennt? Wenn es sich nicht um irgendeinen rührseligen Film sondern um das echte Leben handelt, ist die Wahrscheinlichkeit nicht sehr groß.

Ich selbst bin jahrelang immer in die gleiche Falle getappt. Erst mit der Zeit konnte ich für mich die Entscheidung treffen, vorerst keinen Kontakt zu meinen Eltern und einem Teil meiner Geschwister zu halten. Oft genug bin ich in Versuchung doch mal ans Telefon zu gehen, aber zu meinem großen Glück unterstützt mein Mann mich nach Kräften. Er macht mir immer wieder bewusst, dass es mir nach jedem Kontakt wieder schlecht geht und ich damit nicht nur mich, sondern auch meine jetzige Familie belaste.

Doch bitte preschen Sie nicht zu schnell vor. Ein ganzes Leben lässt sich nicht so einfach umkrempeln. Wenn Sie Ihren Angehörigen zu früh bedrängen, könnte es sein, dass er das Vertrauen zu Ihnen verliert. Es kann auch sein, dass für Ihren Angehörigen die Frage des Umgangs mit der Ursprungsfamilie ganz anders gelöst werden muss. Ich hoffe, dass Sie auf die Unterstützung eines erfahrenen Therapeuten zählen können. Bei aller Liebe: Sie können nicht der Therapeut Ihres Angehörigen sein! Ihre Aufgabe ist eine andere aber keineswegs weniger wichtig!

Wenn der Borderliner weiterhin Kontakt mit der Familie wünscht und das aus therapeutischer Sicht auch in Ordnung ist, kann es trotzdem schwer für ihn sein. Manchmal hat man z.B. nur die Kraft für ein kurzes Telefonat, aber man weiß genau, wenn man seine Eltern anruft, dauert das Gespräch mindestens eine halbe Stunde. Vielleicht könnten Sie an dieser Stelle Ihrem Angehörigen helfen. Wie? Seien Sie kreativ! Sie könnten anbieten, wenn das Gespräch für den Borderliner zu lange dauert oder zu schwierig wird, dass Sie dann übernehmen. Sicherlich ist in einem solchen Moment eine kleine Notlüge erlaubt: Er / Sie musste ganz schnell nach dem Essen auf dem Herd schauen, das Badewasser ausstellen, die Postbotin erwischen usw. Meistens funktioniert eine solche Ausrede besser, als wenn man lange versucht, etwas von dieser Borderline-Persönlichkeitsstörung am Telefon zu erklären. Informationen zu dieser Krankheit kann man besser im direkten Gespräch vermitteln oder man empfiehlt den Verwandten erstmal ein Buch, um die Grundlagen kennen zu lernen.

Doch wann ist der Moment gekommen, dass Sie das Telefonat übernehmen sollten? Wenn Ihr Angehöriger dazu noch in der Lage ist, kann er Ihnen ein Zeichen geben. Sie könnten das bereits vorher vereinbaren. Mitunter bemerkt der Betroffene aber gar nicht, an welchem Punkt es zu viel wird. Es kann sein, dass Sie es viel eher bemerken, wenn Sie Ihren Angehörigen in Ruhe beobachten. Vielleicht kennen Sie schon die Frühwarnzeichen, die einen Spannungsanstieg signalisieren. Sie sind individuell sehr verschieden und auch nicht immer von außen deutlich erkennbar. Deshalb lohnt es sich, immer wieder mal darüber zu sprechen, wie hoch die Spannung aktuell ist, und woran Ihr Angehöriger das merkt. Wenn sowohl der Betroffene, als auch Sie selbst die Frühwarnzeichen kennen, ist es auch möglich frühzeitig zu reagieren.

Wir brauchen dann mehrere Skills:
    1. Situation verlassen
    2. Stresstoleranzskills z.B. Bewegung, Coldpack, scharfes Weingummi

3. Gedankenskills, um sich gedanklich wieder mit etwas „ungefährlicherem" zu befassen.

Auch im direkten Kontakt mit der Ursprungsfamilie z.B. bei einem Besuch, ist es möglich, Ihren Angehörigen zu entlasten. Vereinbaren Sie am besten vorher, welche Zeichen oder Stichworte der Betroffene Ihnen geben kann. Wie Sie reagieren, ist situationsabhängig. Wenn Sie merken, dass ein Gespräch dem Betroffenen zu viel wird, könnten Sie evtl. einspringen, das Gespräch übernehmen oder evtl. sogar das Thema unauffällig wechseln. Manchmal ist es angebracht, die Situation zu verlassen. Fordern Sie Ihren Angehörigen auf, mit Ihnen spazieren zu gehen. Lassen Sie sich z.B. den Spielplatz zeigen, wo der Betroffene die Kindheit erlebt hat, oder die Schule oder, oder, oder… Für den Borderliner kann es entlastender sein, wenn Sie einen solchen Grund angeben, anstatt die Verletzlichkeit oder Überforderung des Betroffenen anzugeben.

Dies sind nur einige Vorschläge. In jedem Fall ist es sinnvoll, direkt mit Ihrem Angehörigen zu sprechen. Vielleicht hat er ja ganz andere Ideen und vielleicht empfindet er auch ganz andere Situationen als schwierig, als Sie erwarten würden.

Wer spricht, dem kann (meistens) geholfen werden.

# Stichwörter

**Borderliner:** auch Bordi, Mensch mit Borderline-Persönlichkeitsstörung

**BPS:** Borderline-Persönlichkeitsstörung

**Hochrisikoverhalten** z.B. zu schnelles und gefährliches Autofahren, Balancieren auf Geländern, ungeschützter Geschlechtsverkehr u.ä. oder auch **Promiskuität** = Geschlechtsverkehr mit wechselnden z.T. auch mit unbekannten Partnern.

**Invalidierung:** Missachtung der Bedürfnisse, Fähigkeiten, Gefühle oder Persönlichkeit von Jemandem

**Postraumatische-Belastungsstörung** auch **Posttraumatisches Belastungssyndrom (PTBS)** Folge von schwerwiegenden traumatischen Erfahrungen z.B. Kriegserlebnisse, Unfälle, Gewalterfahrungen oder Missbrauch, Bilder des Geschehens erscheinen plötzlich wieder als Flashbacks oder Intrusionen, Ähnlichkeiten mit der als traumatisch erlebten Situation können als Trigger wirken und heftige Gefühle auslösen.

**Problemverhalten (PV)** dient meistens dem Spannungsabbau, ist aber kurz- oder langfristig schädlich z.B. sich selbst schneiden = **Ritzen,** aber auch Drogen- oder Alkoholmissbrauch

**Selbstverletzendes Verhalten:** auch **SVV**, absichtliches Herbeiführen von Verletzungen oder andere schädliche Verhaltensweisen. Siehe auch Problemverhalten

**Skill:** übersetzt: Fertigkeit, hier eine Fertigkeit, die hilft die Spannung zu regulieren, ohne kurzfristig oder langfristig schädlich zu wirken.

**Skillkette:** Mehrere Skills ca. 3 - 5, die nacheinander angewandt werden. Beginnt meistens mit Hochstressskills und endet mit Gedankenskills.

**Trigger:** ein Gegenstand, Mensch oder Situation, die Ähnlichkeit hat mit belastetem Erlebten. Kann starke Reaktionen auslösen. Z.B. könnte der Anblick von Rasierklingen einen Borderliner stark **triggern,** wenn er sich schon mal damit selbst verletzt hat. Es kann dann auch wieder zu Problemverhalten kommen.

**Time out:** Zeitraum in dem kein Kontakt zu den Mitpatienten oder Therapeuten erlaubt ist, bis die entsprechende Situation, meistens PV, geklärt ist.

**Validierung:** Anerkennung des Gegenübers, Feststellung der Wichtigkeit, Feststellung des Wertes von etwas, Feststellung einer Gültigkeit

**Verhaltensanalyse (VA)** schriftliche Analyse eines Problemverhaltens, der vorausgehenden Faktoren und der daraus folgenden Konsequenzen mit dem Ziel Möglichkeiten zum Vermeiden dieses PV zu finden.

## Am Ende wird alles gut - und wenn noch nicht alles gut ist, ist noch nicht Ende!

Gratulation: Sie haben sich durch das ganze Buch durchgearbeitet.

Vor allem gratuliere ich aber dem Borderliner, für den Sie sich diese Mühe gemacht haben! Betroffene mit sicherem Umfeld und informierten Angehörigen haben deutlich bessere Chancen, ihre Borderline-Persönlichkeitsstörung in den Griff zu kriegen.

Dafür wünsche ich Ihnen die Unterstützung von Borderline erprobten Therapeuten und Ärzten.

Ich hoffe, Sie hatten viele Aha – Momente und sind einem ruhigeren Familienleben einen guten Schritt nähergekommen. Eine Borderlinestörung geht nicht weg: aber man kann lernen, trotzdem gut zu leben. Manchmal muss man erst Umwege gehen, manchmal muss andere Wege erst finden. Vielleicht kann Ihnen dieses Buch bei der Navigation helfen.

Wie meine Oma zu sagen pflegte:

>Am Ende wird alles gut –
>
>und wenn noch nicht alles gut ist, ist noch nicht Ende!